U0682187

巴黎地铁杂货旅行

un petit voyage dans Paris en métro

Editions de Paris 编著

尹宁 译

山东人民出版社

巴黎，她有几种面貌：

是有凯旋门、卢浮宫等著名景点的历史都市；
是人们为了顶级品牌蜂拥而至的摩登都市；
在这里，逛跳蚤市场和旧货市场会让喜欢杂货的人无限欢喜；
让食客满足的咖啡吧和小餐馆到处都是……

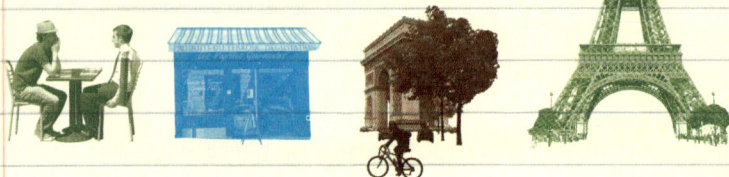

想要尽情领略巴黎的这些面貌，地铁绝对是最好的选择！
巴黎人常乘的14条线路，分别有不同的魅力。

一手拿着路线图，从巴黎的一角出发，深入任何神秘的腹地，
乘上地铁，就能看到巴黎真实的面孔。

Prendre le métro

乘地铁玩转巴黎

让巴黎人爱不释手、每日利用的东西是什么？无疑是地铁！
地铁是巴黎交通工具中，最好用、最快速、最合理的一种。
只要能够很好的利用地铁，就可自如地在城市内来往，更好地享受巴黎之旅。

1. Où est la station de métro ?

请问地铁站在哪里？（寻找地铁入口）

地铁的入口。在市中心的大马路上，可以每
数百米找到一个这样的标记。

巴黎约有300个地铁入口。无论
在哪里，只要徒步走5分钟就能看到一
个地铁入口，这便是巴黎地铁便捷的
秘诀。入口的设计随着时代一直在变
化，但代表性的标记基本是大写的
"M"、红色的"METRO"或新艺术
主义风格的"METROPOLITAIN"。

2. Un plan des lignes, s'il vous plaît !

请给我一张地铁图！（地铁路线图入手）

巴黎的地铁共有14条，不
同线路之间用颜色区别，如：
1号线是黄色，2号线是蓝色。
经营巴黎地铁的RATP（巴黎
交通公司）的正式路线图，是
使用颜色标记的一目了然的版
本，在地铁窗口可以免费拿
到，初次在巴黎买地铁车票
时，别忘了拿一份。路线的标
识方法，基本上与日本的都市
地铁相同。确认现在的地点和
离目的地最近的地铁站，是第
一步！

免费线路图。在窗口说："Un plan des lignes,s'il vous
plait!"即可拿到。

3. Un ticket, s'il vous plaît !
请给我一张地铁票（在窗口买票）

虽然有的车站有能使用英语的自动售票机，但为避免麻烦和错误起见，笔者还是推荐到窗口购买车票。由于巴黎市内采取统一票价，所以没有查金额的必要。车票有几个种类，单捡这其中对出行最为方便的介绍一下。因为在途中会突然从某个出口转线出去，所以车票一定要跟随你到达最后一站的出口。

最流行的车票，除了在车站的售票处，在"TABAC"（香烟店）和"KIOSQUE"（书报亭）等地方也能买到。

● Ticket...1.5 欧元
单程车票，巴黎市内均一票价，可以换乘。
● Camet...11.1 欧元
包含10张Ticket，很合算，没有使用期限。

旅行者使用的可以无限量换乘的票，买的时候会被问到"是哪一环（Zone）？"因为包含郊外线路的都市交通网，是根据距离决定价格。"Zone"到6环为止，地铁在1-2环之间。无限量换乘必须在票上登记日期和姓名，如果没有记录，会被处以罚金，要特别注意。

● Mobilis 1-2Zone
1 天...5.6 欧元
推荐这种1天内使用的乘车票，使用前请写上自己的姓名。

● Carte Orange
1-2Zone
周票...16.3 欧元
月票...53.5 欧元

周票从周一到周日有效。前一个星期的周五到周六可以购买。月票一个月的1号到月末有效，前一个月的20号开始到当月的19号为止都可购买，买的时候记得索取橘黄色的票夹（第二次买时不需要再要）。在上面贴上2.5×3cm的大头照，写上姓名，然后再将这张卡的号码写在车票上。

● Paris Visite 1-3Zone
1 天...8.5 欧元、2 天...14 欧元
3 天...19 欧元、5 天...27.5 欧元

Paris Visite比Mobilis可以往稍远的地方去，若想在有地铁的范围内游览巴黎，推荐用Mobilis。但Paris Visite附有美术馆、游览船等折扣，推荐给想尽情观光的人。使用前在黑色的卡上写上自己的姓名，此外在票券上写上姓名、日期。

*以上登载讯息以2007年12月为准。

4. On prend le métro !
我们搭地铁（乘地铁，去目的地）

乘前需要确认的是，自己要乘的线路、地铁行进方向的终点站名称。在地铁站内，有表示线路的数字和终点站名字的牌子，换乘时只要根据指示走就可以。到达目的地后，沿着表示出口的"Sortie"标记出去，如果能从"Plan du quartier"（周边地图）确认一下，到达地面后便不至于迷路了。

自动贩卖机和窗口。

最新的自动检票口。

上下车时记得要确认下指示标记。

换乘和出口指示标记。

5. On se promène !
我们散步（享受街上散步的乐趣）

巴黎地址的表示方式，是由道路名称和门牌号组合而成的。不论多小的道路都有自己的名字，在街头一角会有指示牌表示。门牌号一边是单数，另一边是偶数。于是，只要知道想去的地方的地址，就可以轻易到达。从地铁出来后，带着地图，就可以享受漫步巴黎的乐趣了！

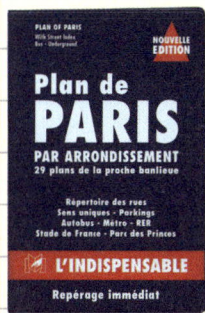

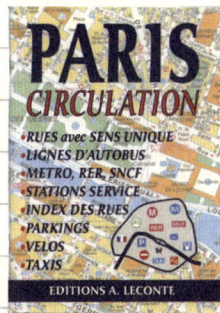

选择地图的重点，是找附有道路索引、按地区分在不同页里的。在报刊亭和文具店就可以买到，有方便携带的口袋版。不同出版社有不同版本，价格一般是5-10欧元。

地铁出入口有路线图和车站周边地图，乘车和下车的时候，是查看目的地的好帮手。

6. D'autres moyens de transport...
其他的交通方式 (与地铁一起交互使用，巴黎便利的交通方式)

巴黎有公共汽车、轻轨、RER（郊区地铁）等许多直接用地铁车票就可以换乘的交通工具。地铁和RER，只要是在巴黎市内，一张票就可以换乘。90分钟以内，公共汽车和轻轨也可以换乘。另外，还有游览塞纳河的船只和租借自行车的系统。若是可以自如使用这些交通工具的话，完全可以算是"巴黎通"了！

● Bus (公共汽车)

能在移动中眺望街景是它的魅力。只是，由于路线复杂，对游客来说利用起来确实有些困难。推荐线路是从巴黎歌剧院、经卢浮宫的金字塔到达Saint-Germain-des-Prés的95路，连接玛黑和Saint-Germain-des-Prés的96路，还有行驶在蒙马特小路上的"蒙马特号"。如果时间宽裕，不妨在观光时换乘一下试试。

在路线图上确认，想乘的公共汽车来时要招手。

● Balabus (观光巴士)

从Gare de Lyon到巴士底、玛黑、卢浮宫、香榭丽舍、凯旋门再到拉德芳斯，Balabus与地铁1号线线路相同，4-9月的星期天和节假日运行。运行时间：从拉德芳斯出发12：30-20：00，从Gare de Lyon出发13：30-20：30，根据线路的长短不同，需要1到3张Ticket，乘车时要先确认。车站和车身上都有"Bb"的标记。

因为包含了很多景点，光是眺望风景就很愉快。

● Tramway (轻轨电车)

因为不是在市内行驶，所以对游客来说不太有能够搭乘的机会，但在2006年开通的T3值得注意。它行驶于巴黎南端，与地铁4、7、8、12、13号线连接，若知道这点会发现特别方便。现在连接的是巴黎的16区到13区，可以沿着巴黎与郊外隔断的环行线东侧行驶，延长至Porte de la Chapelle这一站。

虽然旅行者没什么机会可以利用到，但对当地人来说，轻轨是重要的交通工具。

● RER (郊区地铁)

连接巴黎市内和郊区的高速地铁郊外线，在市内搭乘方式和地铁一样，在市外需要在窗口购买不一样的票。若持有无限量换乘票，请先确认下该票可去的最远环线和目的地所在位置。由于路线复杂，去前要仔细确认。去戴高乐机场是B线，去凡尔赛是C线。

地铁线路图上有RER的路线，买票时可以注意一下 Zone。

● Batobus （游艇巴士）

每日航行在塞纳河上的水上巴士，冬天10：30-16：30，夏天10：00-21：30，有埃菲尔铁塔、奥赛美术馆、圣日耳曼德佩区、巴黎圣母院、植物园、巴黎市政厅、卢浮宫和香榭丽舍8站。线路90分钟，票价是1日券12欧元、2日券14欧元、5日券17欧元，可无限量搭乘，在哪站上下都可以，若是知道和公共汽车与地铁交互使用，更可享受塞纳河观光乐趣。

运行时间随季节变化，详情见网站(www.batobus.com)。

● Vélib' (公共自行车)

自2007年7月实行以来，就获得了巴黎人压倒性的支持，Vélib'是可以随时骑、停的自行车网络。在巴黎市内有1500个租借站，有2万辆以上的自行车预备。租借价格为1天1欧元、7天5欧元（保证金150欧元）。由于巴黎某些区域观光点密集，所以对游客来说非常方便。在巴黎，自行车要走专用车道，要特别注意安全。

人气直升中。手续在租借站办理(www.velib.paris.fr)。

*以上登载讯息以2007年12月为准。

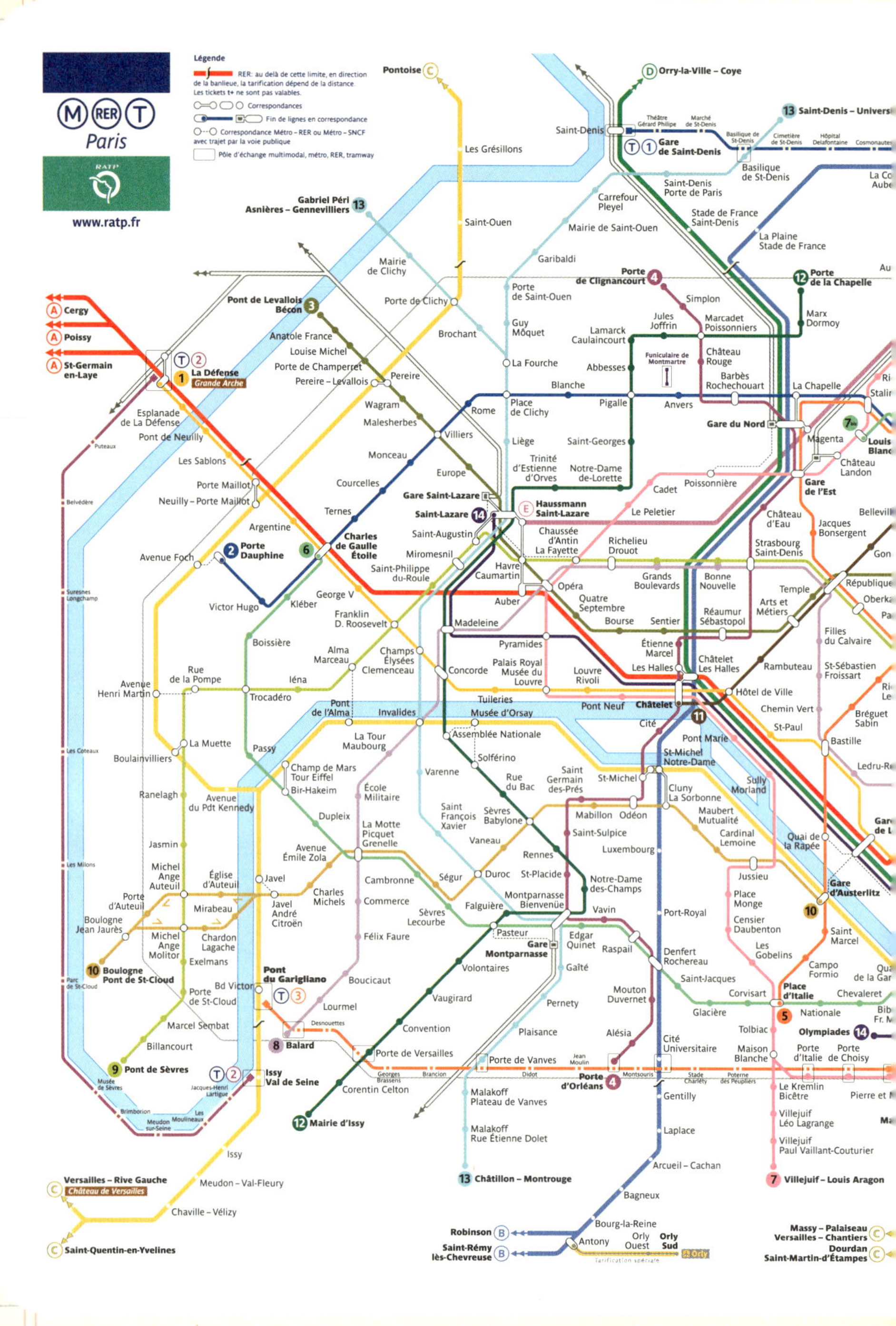

Légende
RER: au delà de cette limite, en direction de la banlieue, la tarification dépend de la distance. Les tickets t+ ne sont pas valables.
Correspondances
Fin de lignes en correspondance
Correspondance Métro – RER ou Métro – SNCF avec trajet par la voie publique
Pôle d'échange multimodal, métro, RER, tramway
M RER T
Paris
RATP
www.ratp.fr
Pontoise
Orry-la-Ville – Coye
Saint-Denis – Université
Saint-Denis
Gare de Saint-Denis
Théâtre Gérard Philipe
Marché de St-Denis
Basilique de St-Denis
Cimetière de St-Denis
Hôpital Delafontaine
Cosmonautes
Basilique de St-Denis
Saint-Denis Porte de Paris
Stade de France Saint-Denis
La Plaine Stade de France
Les Grésillons
Gabriel Péri Asnières – Gennevilliers
Saint-Ouen
Carrefour Pleyel
Mairie de Saint-Ouen
Garibaldi
Mairie de Clichy
Porte de Clichy
Porte de Saint-Ouen
Porte de Clignancourt
Simplon
Porte de la Chapelle
Marx Dormoy
Cergy
Poissy
St-Germain en-Laye
Pont de Levallois Bécon
Anatole France
Louise Michel
Porte de Champerret
Pereire – Levallois
Pereire
Brochant
Guy Môquet
La Fourche
Jules Joffrin
Marcadet Poissonniers
Lamarck Caulaincourt
Château Rouge
Funiculaire de Montmartre
Abbesses
Barbès Rochechouart
La Chapelle
La Défense Grande Arche
Esplanade de La Défense
Pont de Neuilly
Puteaux
Wagram
Malesherbes
Rome
Place de Clichy
Blanche
Pigalle
Anvers
Gare du Nord
Magenta
Louis Blanc
Château Landon
Gare de l'Est
Villiers
Liège
Saint-Georges
Les Sablons
Monceau
Trinité d'Estienne d'Orves
Notre-Dame de-Lorette
Cadet
Poissonnière
Porte Maillot
Neuilly – Porte Maillot
Courcelles
Europe
Gare Saint-Lazare
Saint-Lazare
Haussmann Saint-Lazare
Le Peletier
Château d'Eau
Jacques Bonsergent
Belvédère
Argentine
Ternes
Saint-Augustin
Chaussée d'Antin La Fayette
Richelieu Drouot
Strasbourg Saint-Denis
Porte Dauphine
Charles de Gaulle Étoile
Miromesnil
Avenue Foch
Saint-Philippe du-Roule
Havre Caumartin
Opéra
Grands Boulevards
Bonne Nouvelle
Temple
République
Victor Hugo
Kléber
George V
Auber
Quatre Septembre
Arts et Métiers
Franklin D. Roosevelt
Madeleine
Bourse
Sentier
Réaumur Sébastopol
Filles du Calvaire
Suresnes Longchamp
Boissière
Alma Marceau
Champs Élysées Clemenceau
Pyramides
Étienne Marcel
Concorde
Palais Royal Musée du Louvre
Louvre Rivoli
Les Halles
Châtelet Les Halles
Rambuteau
St-Sébastien Froissart
Avenue Henri Martin
Rue de la Pompe
Iéna
Trocadéro
Tuileries
Hôtel de Ville
Pont de l'Alma
Invalides
Musée d'Orsay
Pont Neuf
Châtelet
Chemin Vert
Bréguet Sabin
Cité
St-Paul
La Tour Maubourg
Assemblée Nationale
Pont Marie
Bastille
La Muette
Passy
Les Coteaux
Boulainvilliers
Champ de Mars Tour Eiffel
Bir-Hakeim
Varenne
Solférino
Rue du Bac
Saint Germain des-Prés
St-Michel
St-Michel Notre-Dame
Cluny La Sorbonne
Sully Morland
Ledru-Rollin
Ranelagh
Avenue du Pdt Kennedy
École Militaire
Saint François Xavier
Sèvres Babylone
Mabillon
Odéon
Maubert Mutualité
Dupleix
La Motte Picquet Grenelle
Vaneau
Saint-Sulpice
Cardinal Lemoine
Quai de la Rapée
Jasmin
Avenue Émile Zola
Luxembourg
Rennes
Michel Ange Auteuil
Église d'Auteuil
Javel
Cambronne
Ségur
Duroc
St-Placide
Notre-Dame des-Champs
Jussieu
Gare d'Austerlitz
Les Milons
Porte d'Auteuil
Charles Michels
Javel André Citroën
Commerce
Montparnasse Bienvenüe
Place Monge
Mirabeau
Sèvres Lecourbe
Falguière
Vavin
Boulogne Jean Jaurès
Pasteur
Edgar Quinet
Raspail
Port-Royal
Censier Daubenton
Saint Marcel
Michel Ange Molitor
Chardon Lagache
Félix Faure
Gare Montparnasse
Denfert Rochereau
Les Gobelins
Exelmans
Campo Formio
Boulogne Pont de St-Cloud
Parc de St-Cloud
Pont du Garigliano
Volontaires
Gaîté
Saint-Jacques
Place d'Italie
Quai de la Gare
Porte de St-Cloud
Bd Victor
Boucicaut
Vaugirard
Mouton Duvernet
Corvisart
Chevaleret
Lourmel
Pernety
Glacière
Nationale
Marcel Sembat
Desnouettes
Convention
Plaisance
Alésia
Tolbiac
Olympiades
Balard
Billancourt
Porte de Versailles
Porte de Vanves
Jean Moulin
Cité Universitaire
Maison Blanche
Porte d'Italie
Porte de Choisy
Pont de Sèvres
Issy Val de Seine
Georges Brassens
Brancion
Didot
Porte d'Orléans
Montsouris
Stade Charléty
Poterne des Peupliers
Musée de Sèvres
Jacques-Henri Lartigue
Corentin Celton
Malakoff Plateau de Vanves
Gentilly
Le Kremlin Bicêtre
Pierre et Marie Curie
Brimborion
Meudon sur-Seine
Les Moulineaux
Mairie d'Issy
Malakoff Rue Étienne Dolet
Laplace
Villejuif Léo Lagrange
Villejuif Paul Vaillant-Couturier
Issy
Versailles – Rive Gauche Château de Versailles
Meudon – Val-Fleury
Châtillon – Montrouge
Arcueil – Cachan
Villejuif – Louis Aragon
Bagneux
Chaville – Vélizy
Bourg-la-Reine
Robinson
Saint-Rémy lès-Chevreuse
Antony
Orly Ouest
Orly Sud
Orly
Tarification spéciale
Massy – Palaiseau
Versailles – Chantiers
Dourdan
Saint-Martin-d'Étampes
Saint-Quentin-en-Yvelines

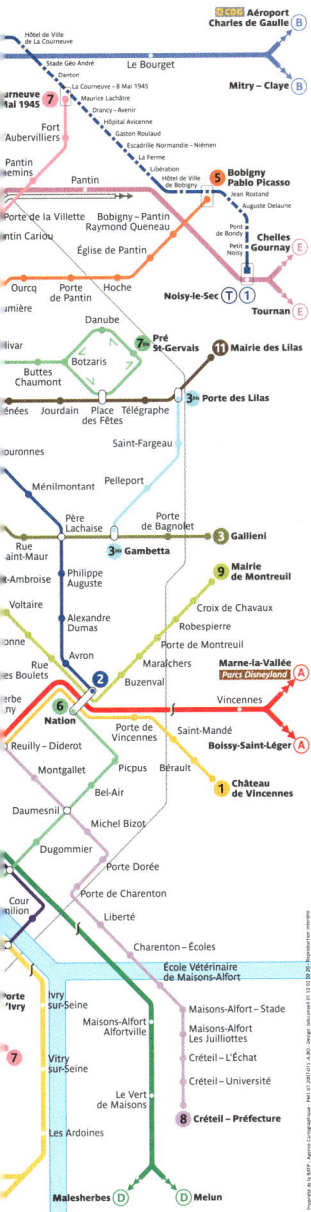

Left map labels (stations/lines):

Aéroport Charles de Gaulle (B)
Hôtel de Ville de La Courneuve
Le Bourget
Stade Géo André
Danton
La Courneuve – 8 Mai 1945 (B)
Mitry – Claye (B)
...urneuve Mai 1945 ⑦
Maurice Lachâtre
Drancy - Avenir
Fort Aubervilliers
Hôpital Avicenne
Gaston Roulaud
Escadrille Normandie - Niémen
La Ferme
Pantin ...emins
Libération
Hôtel de Ville de Bobigny ⑤ **Bobigny Pablo Picasso**
Pantin
Jean Rostand
Bobigny – Pantin Raymond Queneau
Auguste Delaune
Porte de la Villette
...ntin Cariou
Église de Pantin
Pont de Bondy
Petit Noisy
Chelles Gournay (E)
Ourcq
Porte de Pantin
Hoche
Noisy-le-Sec (T) ①
Tournan (E)
...umière
Danube
⑦ᵇⁱˢ **Pré St-Gervais**
⑪ **Mairie des Lilas**
...livar
Botzaris
Buttes Chaumont
...énées
Jourdain
Place des Fêtes
Télégraphe
③ᵇⁱˢ **Porte des Lilas**
...ouronnes
Saint-Fargeau
Ménilmontant
Pelleport
Père Lachaise
Porte de Bagnolet
Rue ...aint-Maur
③ **Gallieni**
③ᵇⁱˢ **Gambetta**
...t-Ambroise
Philippe Auguste
⑨ **Mairie de Montreuil**
Voltaire
Alexandre Dumas
Croix de Chavaux
...onne
Avron
Robespierre
Porte de Montreuil
Rue ...es Boulets
② Buzenval
Maraîchers
Marne-la-Vallée Parcs Disneyland (A)
...erbe ...ny
⑥ **Nation**
Vincennes
Porte de Vincennes
Saint-Mandé
Reuilly – Diderot
Montgallet
Picpus
Bérault
Boissy-Saint-Léger (A)
Daumesnil
Bel-Air
① **Château de Vincennes**
Michel Bizot
Dugommier
Porte Dorée
Porte de Charenton
...our ...nilion
Liberté
Charenton – Écoles
École Vétérinaire de Maisons-Alfort
...orte d'Ivry
Ivry sur-Seine
Maisons-Alfort – Stade
Maisons-Alfort Les Juilliottes
⑦ Vitry sur-Seine
Maisons-Alfort Alfortville
Créteil – L'Échat
Créteil – Université
Le Vert de Maisons
⑧ **Créteil – Préfecture**
Les Ardoines
Malesherbes (D)
Melun (D)

Legend (right panel):

Ⓜ ① **La Défense** — **Ch. de Vincennes**
② **Pte Dauphine** — **Nation**
③ **Levallois** — **Gallieni**
③ᵇⁱˢ **Pte des Lilas** — **Gambetta**
④ **Pte de Clignancourt** — **Pte d'Orléans**
⑤ **Bobigny** — **Place d'Italie**
⑥ **Étoile** — **Nation**
⑦ **La Courneuve** — **Ivry • Villejuif**
⑦ᵇⁱˢ **Louis Blanc** — **Pré-Saint-Gervais**
⑧ **Balard** — **Créteil**
⑨ **Pont de Sèvres** — **Montreuil**
⑩ **Boulogne** — **Gare d'Austerlitz**

Ⓜ ⑪ **Châtelet** — **Mairie des Lilas**
⑫ **Pte de la Chapelle** — **Mairie d'Issy**
⑬ **Asnières–Gennevilliers** — **Saint-Denis • Châtillon**
⑭ **Saint-Lazare** — **Olympiades**
Ⓣ ① **Saint-Denis** — **Noisy-le-Sec**
② **La Défense** — **Issy**
③ **Pont du Garigliano** — **Porte d'Ivry**

(RER) (A) **St-Germain-en-Laye • Poissy** — **Cergy • Boissy-St-Léger** — **Marne-la-Vallée Parcs Disneyland▼**
(B) **Aéroport Ch. de Gaulle** — **Mitry–Claye** — **Robinson • Antony** — **St-Rémy-lès-Chevreuse**
(C) **Pontoise** — **Versailles–Rive Gauche** — **Versailles–Chantiers • St-Quentin** — **Massy-Palaiseau • Dourdan** — **St-Martin-d'Étampes**
(D) **Orry-la-Ville** — **Melun** — **Malesherbes**
(E) **Haussmann–Saint-Lazare** — **Chelles–Gournay**

地 铁 地 图

un petit voyage dans Paris en métro

巴黎地铁杂货旅行

Ligne 1-14   Ligne 1

Ligne 2

Ligne 3

Ligne 4

Ligne 5

Ligne 6

Ligne 7

Ligne 8

Ligne 9

Ligne 10

Ligne 11

Ligne 12

Ligne 13

Ligne 14

想要在观光的同时享受购物的乐趣，1号线可以满足这样任性的要求。若你是初来巴黎，那么首先在Charles de Gaulle-Étoile站下车，然后登上凯旋门顶的展望台。从这里可以看到西边的拉德芳斯区新凯旋门、东边从香榭丽舍到卢浮宫的一条大道，所谓"巴黎的历史轴心"在这一次瞭望中都尽收眼底。1号线就是沿着这条轴线所建，它也是1900年最初开通的路线。沿线有许多法国历史名胜，世界最大的美术馆卢浮宫曾经是王宫。16世纪凯瑟琳·德·梅第奇下令建造的杜伊勒里公园（Jardin des Tuileries），现在还是巴黎人们休憩的公园。协和广场（Place de la Concorde）每年夏天都设置大型观众席，举办巴黎节。此外，路易14欣赏的园艺家勒诺特（Andre Le Notre）整修的林木成荫的香榭丽舍，现在已经成了豪华购物街的代名词。1号线，历史的巴黎的标记都已经齐聚这里。

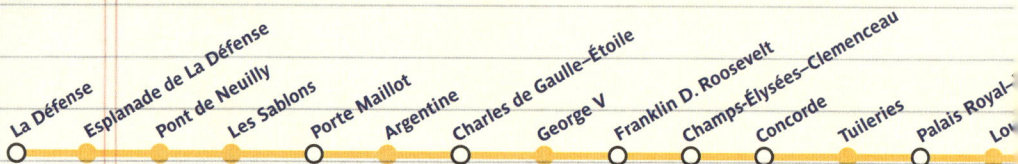

La Défense　Esplanade de La Défense　Pont de Neuilly　Les Sablons　Porte Maillot　Argentine　Charles de Gaulle-Étoile　George V　Franklin D. Roosevelt　Champs-Élysées-Clemenceau　Concorde　Tuileries　Palais Royal-　Lou

巴黎初体验，就从1号线开始！

从凯旋门上俯瞰巴黎、在香榭丽舍购物，
从一定要前往的观光名胜到繁华的购物街，
1号线，是带人们去巴黎必到之处的主要路线。

Ligne

杜伊勒里公园里的旋转木马等着孩子们的造访，
公园里可以看到享受慢跑或散步的巴黎人的身姿。

从文艺复兴时期到法兰西帝国时代再到近代，巴黎都是摩登的闪耀着华丽光彩的都市，是人们争相前来的观光名地，而巴黎的精华就集中在1号线上。

杜伊勒里公园沿着里沃利路（Rue de Rivoli），连接卢浮宫和协和广场。

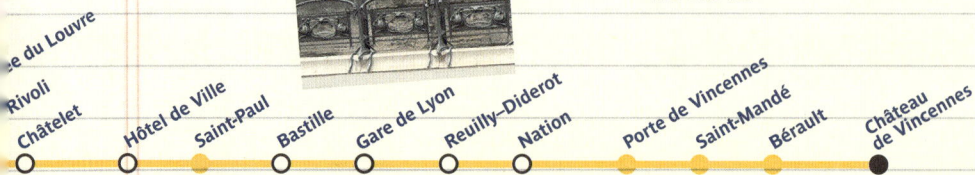

巴黎的标志——凯旋门，从这里放射状地分出12条大道。

e du Louvre

Rivoli

Châtelet — Hôtel de Ville — Saint-Paul — Bastille — Gare de Lyon — Reuilly–Diderot — Nation — Porte de Vincennes — Saint-Mandé — Bérault — Château de Vincennes

去卢浮宫的玻璃金字塔，Louvre Rivoli站是离美术馆最近一站，地铁的内部都很有艺术氛围。

1号线是摩登巴黎的橱窗，从Franklin D.Roosevelt站下车，在Montaigne路上林立着代表巴黎的高级品牌迪奥、香奈儿等。若想去高级珠宝店买珠宝，就在Tuileries站下车，然后前往凡登广场（Place Vendome）。从Champs-Élysées-Clemenceau站到Palais Royal-Musée du Louvre站，聚集着与1号线并行、在世界上有影响力的店家。另外，在路易14度过童年时代的王宫，现在还有顶级设计师店不动声色地开在其中，令其成变身为新颖别致之所。在这里，可以看到引领世界的巴黎最新流行趋势。

从左边开始是巴士底广场、王宫、卢浮宫、阿荷高勒桥及巴黎市政厅。

Marais

喜欢杂货的话，
请先来玛黑！

　　以Saint-Paul站为中心的地区通称玛黑区，是巴黎的旧市区。以凡登广场为首，这里有美丽的个人宅邸、木结构外观的旧建筑、石子小路……在留有17世纪旧影的街道上，开着高品质的杂货铺和氛围超好的咖啡馆。边散步边欣赏个性十足的古董品，不知不觉两手已经满了。设计师Dominique Muret对这样的玛黑了如指掌，她将同对流行敏感的女儿Manon一起，为我们挑选这一地区最棒的店家，介绍有最纯粹的巴黎风和最绚烂的室内装修色彩的店家。

Dominique Muret & Manon

介绍者…
多米妮克·米雷&玛侬

Dominique从小生活在文生尼绿地（Bois de Vincennes）附近雅致的住宅区，是个以设计色彩丰富民族风的杂货为主的设计师。她的作品自然也放在1号沿线的玛黑地区古董店里。

价钱合理的塑胶桌布引人注目。

Dom
在这里查看杂货的流行趋势

21, rue Sainte-Croix de
la Bretonnerie 75004 Paris
tél: 01 42 71 08 00 www.dom-ck.com
open: mon~sat 11:00~20:00,
sun 14:00~20:00
métro ○ *Hôtel de Ville*

地下楼层摆放的是设计家具。

玛黑地区的人对室内装潢的流行趋势非常敏感，Dominique说开店之初"Dom"引领了20世纪70年代的塑料及色彩风潮，因而大受好评。至今它的人气依然不衰，在全黑的地板和墙壁、闪耀着霓虹灯光的空间里，满满当当放置着小到肥皂大到设计家具的物品。因为店家对流行趋势敏感，因而几乎每次去，都会发现他们家改换了商品。能够瞬间改变房间氛围的杂货、派对上使用的鲜艳桌布，都是喜欢用简单的方法改变室内装潢的巴黎人的好帮手。因为价格合理，所以作为礼物或者作为创意货品买来，都会不知不觉买很多哦。

Fleux
形象来自于意大利的水族馆

39, rue Sainte-Croix de
la Bretonnerie 75004 Paris
tél: 01 42 78 27 20 www.fleux.com
open: mon-sat 11:30~20:00,
sun 13:00~20:00
métro○Hôtel de Ville

"虽然最初只是一家小店，但从开店到现在不过两年时间就扩大了规模，成为引人注目的店家"，Dominique极力推荐这家"Fleux"。这个400平米的空间，集中了100多个设计师所设计的1000多种作品，是杂货的天国。从迷你造型到歌特风，不同风格的商品聚集在这里，但它们都有一个共同点，那就是洗练的女性化感觉。虽然颜色使用非常丰富，但却不显庸俗，在这繁复的色彩之中，透出些许透明的调子。店员说这家店的形象是取自于意大利的水族馆，确定让人忍不住称是。这些深得女性欢心的小物件，总有办法让你流连忘返。

价位在6~1500欧元的杂货。图中坦克形状的花瓶，每只85欧元。

Litchi

世界守护神们大集合

4, rue des Ecouffes 75004 Paris
tél: 01 44 59 39 09 www.litchi.com
open: tue-sat 11:30~19:30,
sun 13:30~19:00

métro ● *St-Paul*

瓜德卢普岛（Guadeloupe）的圣母玛利亚、印度的湿婆、玛丽·安托瓦（Marie-Antoinette）的圣水，此外更有巴西和墨西哥的幸运手镯以及日本的招财猫……这就是全世界五个大陆的神齐聚一堂的"Litchi"。国际风情浓郁的幸运物护身符们，摇身一变就成了搭配服装或装潢房间的饰品，以杂货的姿态出现在这家店里。Dominique设计的室内装饰品，也在这家店里出售。"这幅中国女孩的画，也是妈妈的作品噢"，Manon笑着拿起一幅画说。作为玛黑地区最具代表性的商店，踏入的瞬间就能让人不禁微笑，这或许也是店中的诸神在发挥作用吧。

集合了五个大陆守护神的饰品中间，可看到巴黎的守护神埃菲尔铁塔。

3年前，在玛黑地区一条小街道上开业的"Les Touristes"，是一家纺织品杂货店。通过这家店的名字，可以感知在时间和文化中旅行，融合各种元素在内的魅力。该店的花样门廊，灵感源自20世纪50-60年代。以此为入口，店内摆设的是同样风格的货架、沙滩毛巾和旅行包等，仿佛在邀请来店拜访的人跟随它们一起旅行。笔记本、玩偶、餐具等东西并列摆放在一起，怀旧又温暖，全都是充满爱的物品。虽然是古董，但绝无陈旧之感，即便是在玛黑这样的地方，这家店也是特别的。不过于甜腻、有成熟的怀旧之风的商品，有望在室内装饰中大放光彩。

受旧花式启发而做的纺织品，以季节为主题呈现不同的变化。适合周末旅行用的手提包45欧元，抱枕17欧元，价位合理。

Les Touristes

向精致洗练的复古格调致敬！

17, rue des Blancs Manteaux 75004 Paris
tél: 01 42 72 10 84   www.lestouristes.eu
open: tue-sat 12:00~19:00,
sun 14:00~19:00

métro○Hôtel de Ville

Dominique和Manon吃的甜点，各7欧元。
下图是足量的沙拉，11欧元。

如果逛街逛累了，就在咖啡馆休息一下吧。即便是在咖啡馆数量繁多的玛黑，Dominique也要极力推荐的是"位于石头小路Trésor之上、没有车辆来往、感觉舒适"的这家店。这家"La Chaise au Plafond"，朝南、日照好，从白天到晚上都可以点美食。老板Xavier，在1989年开了名为"Le Petit Fer à Cheval"的酒吧，随后又在这条路上开设了包含这家店在内的咖啡馆。此外又开设了一家文学咖啡书店"La Belle Hortense"，是拥有5家店铺的当地名士。不管是哪个店中，室内装修都很时髦，成为玛黑地区有代表性的店家。

La Chaise au Plafond

小路上的露天座位总是热闹非常

10, rue du Trésor 75004 Paris
tél: 01 42 76 03 22 www.cafeine.com
open: tue-sat 9:00~2:00
métro○ Hôtel de Ville, St-Paul

在文生尼绿地野餐

　　1号线东边的终点站文生尼绿地，是Dominique和Manon生活的地方。有着自然的森林、溪流、湖和植物园，甚至可以看见中世纪的城堡。天气好的时候，在野餐篮里装满美味的食物，走吧，让我们到森林里去吧！

Château de Vincennes

D'un Jardin
à l'Autre

品味非凡的园艺杂货

14, rue Lejemptel 94300 Vincennes
tél: 01 43 65 06 60 www.dunjardinalautre.com
open: mon 16:30~19:30, tue-sat 11:30~19:30
métro○Château de Vincennes

文生尼绿地作为郊外城堡区，有很长的历史，靠近巴黎边上，是一个安静的地区。这里家家都重视园艺，在这方面知识丰富。"这不仅仅是因为家里有庭院，也是由于近森林而居，受其中植物的触发"，Dominique说。在这样的文生尼绿地，受当地妇人们喜爱的就是这家"D'un Jardin à l'Autre"了。景观设计师Carole活跃于庭院设计，让他一见钟情的也是这家店。从园艺用的围裙到室内装饰品，该店商品种类齐全。

Joubin

文生尼绿地的骄傲、美味蛋糕和家常菜

42, rue du Midi 94300 Vincennes
tél: 01 43 28 00 36 www.joubin.fr
open: tue-sat 11:30~19:30
métro○Château de Vincennes

"野餐的话，就到这里买糕点和家常菜！"据Dominique讲，"Joubin"是她喜欢的店。使用许多季节性水果，满满地放在蛋糕上，这样色彩鲜艳的点心，其设计精美堪比室内装饰店。Joubin的店内摆放也很有品味。这是一家创始自1924年，从制作点心开始的老店了，后来开始做菜肴，大获成功。从12点开始出售各色菜式，去野餐的话必不可少，非常美味！

Colette
展现巴黎当下的前卫店家
213, rue Saint Honoré 75001 Paris
tél: 01 55 35 33 90 www.colette.fr
open: mon-sat 11:00~19:00
métro ⊙ *Tuileries*

　　一楼是美容、音乐、杂货和文具，二楼是时装和艺术，地下是酒馆和餐厅——是一家包罗衣食住行的商店，"Colette"的华丽登场始于1997年。不仅成系列推出新品，Colette更不定期举办新品试卖会，同设计师合作，推出限量商品。它每周都在变化的橱窗设计，更是世界瞩目的焦点。Colette不但是一个对流行保持敏感的店家，也是流行的发源地，最近它刚刚举行了成立10周年的庆祝活动。令1号线这个地区闪闪发光的，正是Colette。以此为中心，从Concorde站到Palais Royal站之间，汇聚了许多设计店，使这里成为代表巴黎的购物街。

1900年12月，比1号线晚半年诞生的2号线，以Nation为最东站，西边在Charles de Gaulle Étoile站与6号线连接，贯穿巴黎的右岸。如果说1号线代表了最正经的巴黎，沿2号线则能看到巴黎平民装扮的一面。沿着Barbès-Rochechouart站到运河旁的Jaurès站，是移民的大熔炉。在这块区域从高架鸟瞰，一眼就能看到平民的街道。从Barbès站出来，满大街都是熙熙攘攘为购物而来的人们……这是个在一般旅行手册上不太会被介绍到的地方。这样的2号沿线，保留着些许存留旧时面貌的购物区。首先是从Villiers站开始到Lèvis站的大街，这里不仅有肉店、蔬菜店、家常料理店，还有咖啡馆、餐厅、手工艺品店、幼儿服装店和眼镜店等，生活所需的店家全部在此聚集，当地的人们每天穿梭于此，可以从中真实体验到当地巴黎人的生活！

Porte Dauphine · Victor Hugo · Charles de Gaulle Étoile · Ternes · Courcelles · Monceau · Villiers · Rome · Place de Clichy · Blanche · Pigalle · Anvers · Barbè

怀着生活的体验，到旧时商店街

2号线连接塞纳河右岸的住宅区，
沿线的购物区处处可以窥见巴黎人日常生活的风貌，
这里是放松、日常的巴黎。

Ligne

2

La Mercerie

这是巴黎才有的女性用品杂货店

39, rue de Lévis 75017 Paris
tél: 01 44 40 25 60
open: tue-sat 9:30~19:00
métro ⊙ Villiers

订制套装、手工制作的儿童服装、编织物……巴黎盛行手作。品种丰富的女性用品杂货店，对巴黎人来说是重要的存在。而"La Mercerie"翻译过来即是这种店铺的意思，这家店的看板没有过多装饰，以尺为单位零卖布料、串珠、缎带、蕾丝、刺绣套件、毛线，以及大型纸板等商品，是这个街区的实力派。同时髦的百货公司手工艺品区和高级毛线品牌店不同，这才是真正的女性用品杂货店！朴素的室内陈设是该店的魅力所在。

Oliviers&Co

散发南部法国芳香，樱桃挑动食欲

8, rue de Lévis 75017 Paris
tél: 01 53 42 18 04 www.oliviers-co.com
open: mon 13:00~19:30, tue-sat 10:00~19:30,
sun 9:30~13:30
métro ⊙ Villiers

"Oliviers&Co"创始于1996年，以经营橄榄油和法国料理酱（橄榄酱）为主，是以法国南部橄榄制品闻名的店家。店里有产自法国南部的餐具以及用橄榄树制的餐桌用具等。位于Lévis的这家店，是巴黎最古老的地方之一。店里散发当地风情，能看到最具代表性的食材。利用宽广的空间，这家店也开设料理教室，这是只有在巴黎才能享受到的乐趣。

每天都想去的
话题购物区

　　巴黎第9区的布尔乔亚市民，眼光可高着呢。满足他们高品质要求的，是位于Pigalle站往南延伸的Martyrs路。这里的"Arnaud Delmontel"面包房前常年有人在排队，"Rose Bakery"午餐时间总是座无虚席，它们都是媒体愿意一再介绍的名店。周边著名的旧衣店"WOCH DOM"、人气涂鸦艺术家设计的酒店"Hotel Amour"集中在一起。这些名店让这一区域越来越受到关注。现在Martyrs散发的不仅是旧时街道的气息，也是展现巴黎今日一面的购物区。

Rue des Martyrs

Martyrs路的坡道，咖啡馆、餐厅林立，有许多露天座位，从正面可以看见圣心教堂。

"Les Papilles Gourmandes" 的意思是 "饕餮客的味蕾"，这儿的老板有在餐厅从业 15 年的经验，后辞职自己创了这家店。店家的特别之处在 "素材" 与 "乡土" 两点上。即食材从法国各地的土特产中精选，并由小作坊主自家生产提供。下图中右边的柜子上放的是奶酪，左边的火腿香肠类食品按产地排列。食材通常来自 Alsace、Savoie、Corsica、Pais Vasco 和 Rhone-Alpe 等地。该店虽然只开了两年，但已经是好评不断、不辱 Martyrs 路盛名的名餐馆了。趁假日旅行来这里的人，一旦尝到此处的美食，就难以忘怀，从此不断再回到 "饕餮客的味蕾" 来呢。

Les Papilles Gourmandes

集中法国各地的乡土食材

26, rue des Martyrs 75009 Paris
tél: 01 45 26 42 89
open: mon 11:00~13:30/17:30~19:45,
tue-sat 9:00~14:00/16:00~19:45,
sun 9:00~13:30/17:30~19:30
métro◯Pigalle, Anvers

店内摆设品味良好，单是那些精美的瓶瓶罐罐，就让人不由得要多买些东西回去。

La Cave des Martyrs

平民价美酒

39, rue des Martyrs 75009 Paris
tél: 01 40 16 80 27
open: mon 16:00~20:30, wed-fri 10:00~13:00/15:30~20:30,
sat 10:00~20:30, sun 10:00~13:30/16:30~19:00
métro○Pigalle, Anvers

"La Cave des Martyrs"，大约两年前开在Martyrs的新面孔，店主Nicolas。该店出售的都是Nicolas挑选的自己喜欢、价格适中的酒，价位在10欧元以下的酒尤为丰富。"我不拘泥于产地，都是多加尝试后挑选好酒。其中还包括来自意大利的酒。若你想买回家，只要花10-15欧元就足够买到美酒了。"Nicolas这样说。该店可以用英文。

J. P. Charbonnier

其貌不扬的蛋糕，让人沉醉

26, rue des Martyrs 75009 Paris
tél: 01 48 74 14 13
open: sat-wed 7:00~20:00
métro○Pigalle, Anvers

这里的特产，加入榛果的蛋糕，1.8欧元。

说起Martyrs路的面包房，最有名的是"Arnaud Delmontel"，但同一条路上还有一家名为"J. P. Charbonnier"的小店总是人潮不断。这家店开于2007年春，其加入栗子、核桃与无花果的水果派一经推出就备受好评，人们在店前排队等着尝这样点心。特别制作的加入杏仁和开心果的蛋糕，以及加入里昂榛果的蛋糕，也绝对要尝试一下。

Marché
Biologique
Batignolles

人气上升中，到专卖有机食品的早市去！

Boulevard des Batignolles 75008 Paris
open: sat 9:00~15:00
métro◯Rome, Place de Clichy

　　巴黎市区，室内、室外的早市加在一起有80多家。早市是当地巴黎人日常生活不可缺少的新鲜食材库。遗憾的是，昔日的商店街在巴黎渐渐不见踪影，而早市或许是取代商店街、渐渐变得人气起来的存在。其中，Brancusi、Raspail及Batignolles是巴黎仅有的三家专卖有机食品的早市。近年流行起来的有机食品，以其形状美观、味道好而受到人们欢迎。除了食品，还可以买到棉纱、肥皂，对希望过健康自然生活的人们来说，是很好的伙伴。

3号线连接17区和20区与中心区。沿线没有华丽的景点，但从Parmentier站和Rue Saint-Maur站下车去往Oberkampf区、Jean-Pierre Timbaud路附近，是巴黎人在酒吧举办夜场演出的据点。其中还有著名的"Cáfe Charbon"，让人心情舒畅的咖啡馆及餐厅、汇集美酒的酒吧、音乐爱好者接踵而至的live house比比皆是。这里如同是夜店的香榭丽舍大街。酒吧老板们所期望的是，在自己创造的空间中，让来这里的人可以随便点上些吃的，同年轻的乐手与DJ一起享乐。若是想与朋友一起喝点，只要在路上看看海报就可以选择今夜呆的地方了。这里就是让人感到轻松畅快的场所。最近从Ménilmontant路和Gambetta区域的小路开始向东慢慢扩展。

Pont de Levallois Bécon — Anatole France — Louise Michel — Porte de Champerret — Pereire — Wagram — Malesherbes — Villiers — Europe — Saint-Lazare — Havre–Caumartin — Opéra — Qu

与好音乐一起度过巴黎之夜

听着年轻音乐人弹奏的音乐，
同二三好友轻松品味美酒，
乘3号线，前往巴黎人专属的夜晚街道。

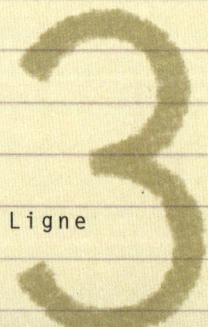

3

Ligne

L'Alimentation Générale

吃？喝？还是跳舞？

64, rue Jean-Pierre Timbaud 75011 Paris
tél: 01 43 55 42 50
www.alimentation-generale.net
open: wed-thu, sun 17:00-2:00,
fri-sat 17:00-4:00

métro ○ Parmentier

　　两年前开业以来，在各杂志的夜场情报中都能见到这家店址。"L'Alimentation Générale"的意思是"万种食材店"。店如其名，喝酒的吧台、用餐的座位、开演唱会的舞台一应俱全，无论是要干什么，都可以找到自己想要的。现场演出时间是20：00或22：00左右。音乐风格不一而足：电子音乐、groove、funk、黑人灵歌（soul music）、迪斯科、Hip pop等，充分娱乐观众。在这种和谐的氛围中，不知何时，舞池里的人已经满了。

酒与音乐为店内升温，不知不觉，大家都站起来开始跳舞了！

没有live的时间就轮到DJ登场，关于live的详细时间就写在网站上，请在出发前先确认网站消息。

喜欢音乐的Hubert开了这家名为"Le Mange-Disque"的店，店名意思是"唱片播放机"。店内墙壁用20世纪70年代的LP黑胶唱片拼贴而成，店里一角有美国、德国等地的独立制作唱片出售，在店中可以边听音乐边买唱片。这里每周四、周五、周六的20：00开始有DJ放音乐或音乐人来开小型演唱会。玩味着这里的音乐，可以品尝Huber家族在Languedoc-Roussillon制作的Corbieres和Minervois酒。还有老板精挑细选的手作奶酪、火腿、香肠等，可以与色拉搭配食用。再加上令人感到放松的音乐，是这里人气始终不衰的原因。

在店内，20世纪70年代的家具与设计家具共处一室。

Le Mange-Disque

美酒与音乐同在

58, rue de la Fontaine au Roi 75011 Paris
tél: 01 58 30 87 07   www.mangedisque.net
open: tue-sat 18:00~2:00
métro◯Parmentier, République

在里面的角落，陈列有独立制作唱片。

"Le Mange-Disque"也有"吃唱片"的意思，注意左边的标记。

L'Autre Café

Oberkampf 的绿洲咖啡馆

62, rue Jean-Pierre Timbaud 75011 Paris
tél: 01 40 21 03 07 www.lautrecafe.com
open: 10:00~1:30
métro◯Parmentier

　　沙拉、奶酪、生牛排等冷菜随时提供。中饭（12：00-15：30）和晚饭（周日到周三19：00-23：30、周四到周六19：00-00：30）时，看板上写着"今日特别推荐"。可以在星期天和节假日的午后来享用特餐。2楼空间宽敞，装饰色彩鲜艳，是年轻艺术家们画的画或拍摄的照片。"L' Autre Café"是Oberkampf人们聚会的绿洲。想暂时忘记音乐、静静地面对电脑或是看看书，或者边聊天边吃顿稍迟的午餐，都可以来这里。在好环境中，享受分量十足、经严格挑选的食材和酒。

　　"L' Autre Café"就是这样一个好像哪里都应该有，但实际上又不多见的属于大人的咖啡馆。

加入火腿和意大利白干酪的沙拉，13 欧元。

店内鲜亮的艺术作品，两月换一次。有时也举办图书签名会或电影放映会。

玻璃的、色彩鲜艳的酒瓶为店内装饰添彩，都是店主精心挑选的。

说起纵穿巴黎街道的4号线，就要说说Saint-Germain-des-Prés。这里从17世纪开始，就是聚集巴黎室内装潢品的中心区域。第二次世界大战之后，这里还是萨特、波伏娃等哲学家，以及戈达尔、特吕佛等电影人聚集的地方，可以说是巴黎文化的标记。他们最喜欢聚集的"Les Deux Magots"、"Café de Flore"以及政治家聚集的"Brasserie Lipp"，至今仍存留着当年的氛围。另外，盛行高级定制服装的20世纪60年代，设计师索尼亚·里基尔(Sonia Rykiel)创立了同名品牌店，伊夫·圣·洛朗则创立了"左岸"(YSL "Rive Gauche")，这些都发生在这一区域。这里总是在引领着时代的新动向。现在它虽然被各国际知名品牌店占领，但即便是相同品牌，这一地区的店内结构及商品也总是与别处不同，有自己的特点。这也许就是它能为代表巴黎左岸的灵魂之处吧。

著名的"Café de Flore"闲静的二楼空间是文化人常客最喜欢的地方。

Porte de Clignancourt — Simplon — Marcadet Poissonniers — Château Rouge — Barbès–Rochechouart — Gare du Nord — Gare de l'Est — Château d'Eau — Strasbourg Saint-Denis — Réaumur–Sébastopol — Étienne Marcel — Les Halles — Châtele

探寻今日巴黎的真实

Saint-Germain-des-Prés代表巴黎左岸的新潮，
Étienne Marcel代表巴黎右岸的轻松，
乘4号线，可以看到巴黎的今日气象。

Ligne 4

从地铁出来，可以看到有圣日尔曼的德佩教堂与双叟（Les Deux Magots）咖啡馆的广场。

Laetitia Djian

介绍者……
利蒂希娅·迪昂

巴黎姑娘们的时尚购物区

　　4号线上另外一个不能错过的地方，就是巴黎右岸的Étienne Marcel周边。这里轻松时尚，聚集了很多巴黎姑娘们喜欢的自创品牌。以Étienne Marcel路为中心，有许多自创品牌的Jour路和Montmartre路、汇集美容用品的蒙特利尔路和一些轻松的小路也不容错过。为我们介绍这样的4号线的，是Laetitia，从衣服到包和装饰品，让我们跟随Laetitia看一看巴黎姑娘们都用些什么。

做室内物品设计和造型设计的Laetitia Djian住在圣日尔曼德佩。购物时，自然充分利用4号线。现正计划移居墨西哥。因为要在那边开店，每天为准备工作而繁忙。

　　Laetitia 告诉我们："由年轻的设计师创立、价格合理的品牌在Étienne Marcel路和Saint-Germain路上有很多。"这种自创品牌之一"Berenice"，3年前诞生，很快获得了巨大人气。这家在Montmartre路上的店，是2007年品牌诞生以来开设的第7家，也是最新的一家。店内产品多是柔软的开司米、丝绸及绸缎等高级制品。颜色上多采用灰色、米色、粉色等轻柔的色调，可以与T恤衫叠穿。80欧元左右一件，价格也很甜美！

Berenice
温柔的开司米

28, rue Montmartre 75001 Paris
tél: 01 42 33 06 84 www.berenice.tv
open: mon 11:00~19:30, tue-sat 10:30~19:30
métro○Étienne Marcel, Les Halles

适合混搭的基本色非常丰富，另有许多适合叠穿的裤子和裙子。

开司米长款针织衫，贴身、有像T恤衫般良好的质感。

　　"Manoush" 是吉卜赛的意思。设计师Frédérique，是个原本在MORGAN设计团队里担任领导的女性，2002年从设计团队中独立出来。她从小就数次去过非洲及南美，从那里得到启发，将各式各样的印象混合起来，放在她所有的服装系列里。她的系列充满家庭味道，深受巴黎年轻女性们的喜爱，甚至在大洋彼岸的美国，也很有人气。在她的粉丝的名单中，甚至还有帕里斯·希尔顿（Paris Hilton）和瓦妮莎·帕拉迪斯（Vanessa Paradis）的名字。店内装饰主要采用粉色调，配合各种花样，恍若少女的房间。试着到这里享受女孩子的乐趣吧。

Manoush
波希米亚服装，为了永远的少女
12, rue du Jour 75001 Paris
tél: 01 44 88 28 08 www.manoush.com
open: mon-sat 10:30~19:30
métro◯Étienne Marcel, Les Halles

店内也有靴子、包等配饰，装修上用少女感觉的色彩统一。

"Le Mont Saint Michel" 的名字来源于诺曼底和布列塔尼境内有名的圣地，它直接用这"圣地之丘"的名字来作为品牌名称。该品牌创办于1913年，以高品质结实的职业服装闻名。"这个品牌在3年前得到了重生。以略带怀旧的感的针织品为主打，以其独特的品味引人注目。" Laetitia说。店内很多系列服装让人不由自主得想起20世纪40或60年代，但与当下混搭结合是其设计核心。第3代老板亚历山大，令店铺得到再生。在这家世界上独一无二的店中，方能洞见该品牌的真髓。

白色与黑色的室内装潢，与衣服的一系列色彩暗合。

Le Mont Saint Michel

令老铺重生的针织物

29, rue du Jour 75001 Paris
tél: 01 53 40 80 44
www.lemontsaintmichel.fr
open: mon 12:30~19:00,
tue-sat 11:00~14:00/15:00~19:00
métro◯Étienne Marcel, Les Halles

店家精髓在于高品质的针织衫。带点复古味道，可以自由搭配。店内手套等小物件也很多。

Gas by Marie

巴黎姑娘的必到之处

44, rue Étienne Marcel 75002 Paris
tél: 01 42 33 36 04   www.gasbijoux.fr
open: mon-sat 10:00~19:00
métro○Étienne Marcel, Les Halles

人气店铺"Gas by Marie"有点民族风，洋溢着假日的感觉。"Étienne Marcel"品牌创始者André Gas设计了两家精品店："Gas Bijoux"和女儿Marie经营的"Gas by Marie"，这两家店关系亲密地开在一起。店内有奥兰·凯利（Orla Kiely）、Les Prairies de Paris、Christina、HEIMSTONE等品牌的商品，也有年轻设计师创作的许多作品，甚至还有Marie自己设计的作品。这家店简直就是巴黎姑娘们的衣柜！若想探询巴黎右岸的风格，务必要来这里。

高贵感的内衣。

André 设计的饰品，35年来受到巴黎姑娘们的欢迎，最近刚刚进军乔治5世大街（Avenue George-V）。

薄荷绿的店内。主要商品是个性配饰，让
人尽享搭配的乐趣。

在别处见不到的、设计大胆的饰品。

Baby Buddha

丰富特别的饰品

68, rue des Saints Pères 75007 Paris
tél: 01 45 48 08 00
open: mon-sat 10:30~19:00
métro ● Saint Germain des Prés

Saints Peres路,由Saint-Germain
路和Grenelle路两条品牌街连接，这条路
上的店铺虽然都很袖珍但品味却一点都不
差，其中，最能让人一见钟情的，是这家
用咖啡色立面的"Baby Buddha"。该
店集中了近30个设计师设计的小东西和
饰品，是一家仿佛珍宝箱般的店铺。
Laetiti既说"Saint-Germain是我的庭
院"，但又说"这里真的全都是非常棒的
东西！"强力推荐此店。店主Garin从美
国、意大利、巴西及黎巴嫩等世界各地搜
罗好东西，个个看上去都是那么的特别、
设计得是那样漂亮。若要搜寻个性洋溢的
东西不妨到这个店里来看看。

金色的、镶珍珠的小饰品，
也有冲击性的效果。

"我是美女！"零钱包上绣着
这样的文字，单是拿着这样
的钱包，心情也会变好。

有名的设计学校 Académie Julian 位
于 Dragon 路上，于是，雅致的圣日尔曼
地区，也充满了年轻感性的店铺。4 年前
打出招牌的 "Petite Mendigote" 是这一
地区代表性的自创品牌。设计师 Sybil 创造
出的这个名为"乞讨的女孩"的品牌，灵
感来自在巴黎蒙马特地区散步宜多梦的印
象与波希米亚女孩，两者印象重叠而得。
布制或皮革制的包袋、小提包、腰带等小
东西，设计可爱、带有那么点玩笑的性质，
更重要的是不会让你的钱包大出血。这里
最受欢迎的商品，是带有幽默感文字或以
女性为主题的刺绣棉制小包。

Petite Mendigote

价格合理的漂亮小物品

23, rue du Dragon 75006 Paris
tél: 01 42 84 20 07 www.petitemendigote.fr
open: mon 13:00~19:00, tue-fri 11:00~19:00,
sat 10:30~19:30
métro◯Saint Germain des Prés

旅行时使用方便的刺绣小包。另
外还有女性内衣及饰品。

建筑物正面是粉红色，店内是蓝色，
都是少女们最爱的颜色了。

Marché
aux Fleurs

晴天时去希提岛（Cité）的花市

Place Louis Lépine,
Quai de la Corse 75004
open: 8:00~19:00
métro○Cité

阳台上布满鲜花，人们带着鲜花赴宴，是巴黎常见的风景。花是距离巴黎人日常生活很近的东西，花匠为人们的日常生活不断推陈出新，设计精美的花束，在早市或花市上很轻松地就能买到鲜花。希提岛的花市终年开放，从1808年到现在已有很久的历史，是希提岛的骄傲。在希提岛花市上不仅能买到鲜花、盆栽、观叶植物、花种、球茎以及园艺用具等，而且只是看看也足以让人流连忘返。值得一提的是，玛德莲广场（Place de la Madeleine）和特纳广场(Place des Ternes)也有花的专门市场，似乎是以出售鲜花为主。

Le saviez-vous?

Marché aux
Oiseaux

与小鸟度周日

Place Louis Lépine,
Quai de la Corse 75004
open: sun 8:00~19:00
métro○Cité

同花市一起，小鸟市场每周日开放。市场上除了有鹦鹉等色彩鲜艳的鸟出售，还可见其他宠物店。希提岛对面的Quai de la Mégisserie，常设宠物店和盆栽店。这附近曾经是塞纳河船只卸货的港口，至今还存留着传达当年历史的风景。

Porte de Pantin、Ourcq、Bastille……从这些5号线的站名中，可以联想到什么？巴黎人的回答一定是"运河"。19世纪，拿破仑下令整顿乌鲁克运河（Canal de l'Ourcq），在巴黎绵延100公里，因其中的拉维列特公园和维莱特流域（Bassin de la Villette）而得名。此外，圣马丁运河（Canal Saint-Martin）从République发源，流经巴士底狱，最后汇入塞纳河。5号线是沿着这条运河，在巴黎的东部，南北贯穿这座城市。圣马丁运河上架有几座像水闸及拱门一样的桥，充满旧城区风情是它的魅力所在。近年来，这个地区成了"步行者天堂"，最适合周日来漫步。电影院"MK2"夹河岸而建，两部分遥相呼应，"Point Éphémère"经常举办各种演唱会，此外这一区域还有许多画廊、设计书店等，充满艺术气质的景点次第在此诞生。

Bobigny Pablo Picasso　Bobigny–Pantin Raymond Queneau　Église de Pantin　Hoche　Porte de Pantin　Ourcq　Laumière　Jaurès　Stalingrad　Gare du Nord　Gare

接触巴黎艺术的5号线

沿Canal 圣马丁运河和乌鲁克运河的5号线，
也是巴黎人喜欢的散步路线，
他们总能在这里与艺术不期而遇。

5

Ligne

拥有引人注目封面的书籍。

Artazart

巴黎最强的平面设计书店

83, quai de Valmy 75010 Paris
tél: 01 40 40 24 00 www.artazart.com
open: mon-fri 10:30~19:30,
sat-sun 14:00~20:00
métro **O** *Jacques Bonsergent*

拍摄当天，插画家 Seb Jarnot 的个展。

在巴黎只要是做与设计有关的人，应该都来过这家设计书店"Artazart"。该书店原本是开张于1999年的网络书店，目标是"以平面设计、网络、印刷人员等设计界的专业人士或学生为服务对象的，成为他们最棒的灵感来源"。当时在网络上就能看到书的内容，马上在设计师中获得极大人气，于是第二年，沿运河而建的实体店成立。店的建筑风格仿佛将木箱堆积起来一样，书架、台子上堆满了从视觉艺术到具体技术性方面的书。以最新流行的设计书及插画书为首，许多书封面就很有冲击力，让人不由得想拿下来翻看一番。另外可以边欣赏艺术边眺望沿河风景的画廊，也是不容错过的地方。

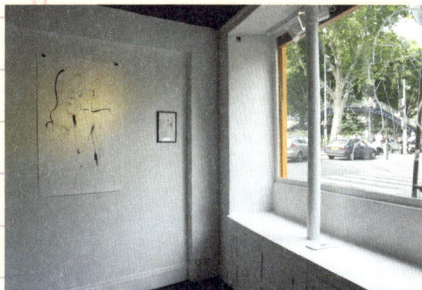

*********** GALERIE PHILIPPE CHAUME
*** MARDI AU SAMEDI DE 12H00 A 19H30
*TEL 01 42 39 12 60 / 06 15 21 23 26
***** INFO@GALERIEPHILIPPECHAUME
****** WWW.GALERIEPHILIPPECHAUME.COM

Marseille 路上摄影画廊 "Philippe Chaume" 的橱窗。

广场的墙壁上，是艺术家 Jerome Mesnager 的彩色涂鸦。

圣马丁小道上的艺术探访

　　艺术和设计在街道上四处潜伏，是圣马丁运河地区的魅力所在。巴黎的街角艺术家 Jérôme Mesnager 和 Némo 的涂鸦在运河闸门和建筑物的墙壁上随处可见，Espace Beaurepaire 画廊是这附近的人气画廊，经常举办各种各种艺术和设计展及活动。小路上有设计书店和经营中世纪家具的画廊，玛黑地区与左岸有画廊的街道味道不同，更加天然平民。在这里，散发着生活气息，与人等身大的彩绘生生不息。

Canal
Saint Martin

木制橱柜、成套餐具、合成树脂玻璃灯罩……从20世纪50到70年代开始，"Coin Canal"贩卖从意大利、德国及北欧引进的中世纪复古家具。老板Alain笑着说："因为是有名的设计师设计的，所以价格也很高。"店内商品都经由Alain精心挑选，还包括一些欧洲厂家生产的杂货。墙壁上有一些当代绘画或照片装饰。每3个月就会有一个艺术家的个展在此开幕。设计家居、杂货和当代艺术，一家店集三个要素于一身，这样的空间宛如店主的私家沙龙，飘散着家庭的气氛。店名的意思是运河之角，暗示着在这个小小的角落里，藏着许多宝物。

Coin Canal
设计师同艺术相会的场所
1, rue de Marseille 75010 Paris
tél: 01 42 38 00 30
open: tue-sat 11:00~14:00/15:00~19:30
métro○Jacques Bonsergent

杂货的厂商来自丹麦、比利时等地，是能够搭配中世纪家具的漂亮颜色。

店老板说他喜欢用木头、铬及玻璃制成的家具。

虽然Métro被翻译作"巴黎的地铁",但实际上,"Métro"6号线有一半以上是行驶在高架上的"空中地铁",长约6千米。从车窗中眺望景色,可以享受在行进中观光的乐趣。从西向东乘着6号线,进行巴黎的空中散步听上去怎么样?从Passy站到Bir-Hakeim站这一段,越过塞纳河,近距离逼近埃菲尔铁塔的那一刻实在是非常棒!这座横跨塞纳河的桥,上面通地铁,下面是步行道和车道的

两层,构造美观,在电影《通向死刑台的电梯》、《巴黎最后的探戈》、《莎西在地下铁》中都有它的身姿出现。穿行在7区到15区的时髦建筑中,可以看见荣军院的镀金圆顶,拿破仑就长眠在那巨大的石棺中。在蒙巴纳斯大厦附近,地铁驶入地下,很快再度回到地上,开往13区塞纳河周边的新开发区。这里右岸可见财务省、左岸是国立密特朗图书馆,集中了一系列现代建筑,展现巴黎的新面貌。

Charles de Gaulle Étoile — Kléber — Boissière — Trocadéro — Passy — Bir-Hakeim — Dupleix — La Motte-Picquet Grenelle — Cambronne — Sèvres–Lecourbe — Pasteur — Montparnasse Bienvenüe — Edgar

随心所欲散步巴黎

从车窗眺望巴黎的标志性建筑埃菲尔铁塔,
漫步在有石子小丘和独栋住宅的小路上,
6号线,从空中和地上两条线路散步巴黎。

6

Ligne

量贩的蜂蜜。虽同样是蜂蜜，但色香味都各有不同，一定要尝尝看！

糖果包装纸上，有蜜蜂形象的Logo。

Les Abeilles

聚集蜜蜂恩惠的店

21, rue de la Butte aux Cailles 75013 Paris
tél: 01 45 81 43 48 www.lesabeilles.biz
open: tue-sat 11:00~19:00
métro ◯ Corvisart, Place d'Italie

店主Schakmundès和店内的养蜂货物在一起。

以翻译为业的老板Schakmundès因为对养蜂抱有浓厚的兴趣，从1993起开了这家店"Les Abeilles"。店名直接翻译过来，就是蜜蜂的意思。店内蜂蜜采集地远至坦桑尼亚、近到文生尼绿地或布劳涅森林中采集而来，按照采集植被分麝香草、菩提树、荞麦花等种类，共计40余种。清淡的洋槐和味道浓厚的栗木蜂蜜，每公斤10欧元。糖果、糕饼、蜂蜜酒、蜂王浆和蜂蜡等也在店内陈列，是充满蜜蜂恩惠的店。在各种不同风味的蜂蜜中，一定能找到适合你口味的。

布特－奥－卡耶附近的一幢建筑，完全看不出是巴黎市中心，有让人安静的氛围。

这条街道上的人气涂鸦神秘之猫，与街道气质十分吻合。

　　有时从地铁上下来，随意在巴黎散散步如何呢？有一条路线值得推荐：布特-奥-卡耶（Butte aux Cailles），位于正在开发的13区，现在仍留有很多石板小路的村庄。它潜伏在高楼林立的意大利广场旁边，是13区的绿洲。16世纪曾经是葡萄园的小丘，旁边是Deviel路以及L'Abeé G. Henocque广场，这里环境幽静，有许多独栋小建筑，是散步的绝佳路线。傍晚时分，主要道路Cinq Diamants路和Ocaillou路都是夜晚的景点。亲切的街区有餐厅与酒吧，吸引了附近的人们和学生到来。

前往古风盎然的
Butte aux Cailles

**Butte
aux Cailles**

布特-奥-卡耶中心的某个广场，存留着巴黎1871年工人革命政府时期的名字。当时巴黎人民爱唱的法国香颂是《樱桃时节》（Le Temps Des Cerises）。餐厅 "Le Temps Des Cerises" 即是以此为名，开设于1976年。后来成为布特-奥-卡耶地区最有个性最具平民风范的餐厅，名声大噪。常客中有很多人是艺术家、作家及自由职业者。概念来自里昂风，让人们边品红酒边品尝内脏及香肠类的餐点，是这家餐厅的骄傲。他们家自制的甜点也非常美味。店内飘浮着人来人往的嘈杂声，就当其是背景音乐倒入玻璃酒杯吧，慢慢享受巴黎式的晚餐，请到这家餐厅来。

每日变换的菜单，诺曼底风的主菜，10欧元。

Le Temps des Cerises

受当地人喜欢的平民派餐厅。

18, rue de la Butte aux Cailles 75013 Paris
tél: 01 45 89 69 48
www.letempsdescerisesscop.com
open: mon-fri 11:45~14:30/19:30~23:45,
sat 19:30~23:45(LO)
métro○Corvisart, Place d'Italie

每日变换菜单的看板。价格很便宜，每餐含酒价格是15～25欧元。

La Courneuve
8 Mai 1945　　Fort d'Aubervilliers
　　　Aubervilliers–Pantin
　　　　　Quatre Chemins　　Porte de la Villette
　　　　　　　　Corentin Cariou
　　　　　　　　　　Crimée　　Riquet　　Stalingrad
　　　　　　　　　　　　Louis Blanc
　　　　　　　　　　　　　Château-Landon
　　　　　　　　　　　　　　Gare de l'Est
　　　　　　　　　　　　　　　　Poissonnière
　　　　　　　　　　　　　　　　　Cadet
　　　　　　　　　　　　　　　　　　Le Peletier
　　　　　　　　　　　　　　　　　　　Chaussée d'
　　　　　　　　　　　　　　　　　　　　　Op

在塞纳河畔的旧市街，忘却时光

雅致的高级文具、浪漫、古董、为人所爱的小物品，
都在玛黑南端的古董街，
从圣路易岛渡过塞纳河，就能来到这里，
乘7号线，享受属于大人的购物乐趣吧！

Ligne **7**

被称为巴黎发祥地的西提岛、存留17世纪光景风貌的圣路易岛，乘7号线可以在这两个岛间来回穿梭。其中Pont Neuf、Pont Marie、Sully-Morland较特殊，是地铁行到地上、紧靠塞纳河边的三站。河岸边有旧书市、巴黎最古老的桥Pont Neuf（"新桥"的意思）、越过塞纳河能看见巴黎圣母院大教堂……巴黎的风景在眼前无限伸展。这样的7号线上值得推荐的，是从Pont Marie站开始前往圣

tte

nides
Palais Royal
Musée du Louvre　　Pont Neuf　　Châtelet　　Pont Marie　Sully–Morland　Jussieu　Place Monge　Censier–Daubenton　Les Gobelins　Place d'Italie　Tolbiac　Maison Blanche

路易岛。漫步在古老的街道上，享受安静下来的乐趣，是完全属于大人的街区。主街St-Louis-en L'lle路上，有卖木偶的店和书店、玩具店等，在这些充满怀旧之情的店家中间，也混杂着卖土特产的店。当然，也少不了冰淇淋老店"Berthillon"的身影。圣路易桥旁边的露天咖啡茶座人潮不断。穿过一座桥，就回到了巴黎右岸，也就是玛黑地区南端的路易-菲利普（Pont Louis-Philippe）路，这里有许多属于大人的文具店。在塞纳河畔，似乎时光也变得缓慢起来。

色彩丰富的文具有20种左右。不管什么时候前往，同一种颜色款式都有许多存货，是件让人高兴的事。

Papier +

给办公桌加点料

9, rue du Pont Louis-Philippe 75004 Paris
tél: 01 42 77 70 49 www.papierplus.com
open: mon-sat 12:00~19:00
métro ⭘ *Pont Marie*

说起 Pont Louis-Philippe 路的文具店，首先想到的就是"Papier+"。自1976年创立以来，这里就不断迎来它的粉丝。店内陈列着原创的便笺纸、信封、笔记本以及相册、文件夹等。虽然东西品种不是很多，但设计简单别致。即便如此，店内还是显得很特别，色彩美丽的东西陈列在一起，仿佛在上演一幕剧。店内的笔记本纸质自不必说，用传统手工艺做的装帧和盒子的质量也非常高。这些文具长年来用的都是一样的设计和尺寸，对于习惯用它们的人来说是件很开心的事。量贩的螺旋式资料夹，则是店内的人气商品。

文件、夹板和彩色铅笔，就像色彩图表一样陈列。

装饰橱窗的复古笔记本、信封、卡片等数量繁多。"Mélodies Graphiques"是古典主义文字艺术家Eric于20多年前开设的文具店。Eric总是在店面右边的台子上边用漂亮的笔在卡片上一边写着文字，一边守护着这家店。虽然巴黎很大，但汇集了如此众多的绘图绘字商品的店，可能是独此一家。墨水、钢笔、成套信纸甚至包括包装纸，都弥漫着19世纪的浪漫气息，仿佛回到了那个遥远的时代。给重要的人，在旅行开始之际就发张卡片或写封信吧……很久都没有过这种心情了呢，看着店内的物品却不由得产生了这想法。

墙壁拼贴着从世界各地寄来的卡片。不愧是书法爱好者的粉丝，写的字都很美!

Mélodies Graphiques

找寻浪漫的文具

10, rue du Pont Louis-Philippe 75004 Paris
tél: 01 42 74 57 68
open: mon 14:00~19:00, tue-sat 11:00~19:00
métro◯Pont Marie

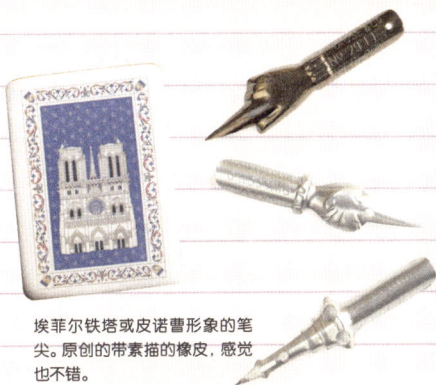

埃菲尔铁塔或皮诺曹形象的笔尖。原创的带素描的橡皮，感觉也不错。

Village Saint Paul

在古董街寻找心头爱

　　沿着塞纳河的 Pont Louis-Philippe 路向东有几处17世纪的宅邸。若喜欢古董的话，到 Village Saint-Paul 吧。Village Saint-Paul 路和Jardins Saint-Paul 路间，夹着5栋建筑，一直以其为古董街区而著名。古典的银器、陶器和蕾丝花边等，近年来也开了些卖室内装饰品、设计物品的店，是杂货爱好者绝对不可错过的地方。古董店通常会在一周初关门，所以要去的话建议在周四到周日之间。

Village Saint Paul 中庭陈列着的杂货。"Brykalski"是家用自然素材制作帽子的店，他们家的别针胸针也很可爱。"Cassiopée"是家卖刀叉类银器的店。

在l' Avé Maria这条连名字都很浪漫的路上，挂着"Fuchsia Dentelles"店的招牌。店主Elise7年前将这家很早就存在的蕾丝花边店买下，充实了店里货品的品种。商品年代大多集中在1850-1950年代。有女装、童装、各种装饰品、亚麻纺织品等。当然，爱这家店的人到来的最大目的无疑是蕾丝花边。除了棉制的女用短上衣、绢制的长裙以及装饰精巧的婴儿帽，还有很多可以自己手工加工的装饰品。那些美丽精致的花边，从抽屉里悄悄探出一端来，吸引着喜欢手作或室内装饰的人。花点时间，慢慢在店内寻宝吧。

Fuchsia Dentelles
古董蕾丝花边的宝库！
2. rue de l'Avé Maria 75004 Paris
tél: 01 48 04 75 61
open: tue-sun 13:00~19:00
métro Pont Marie, Sully Morland

挂在上面的亚麻纺织品及小礼服，以及桌子抽屉、架子上慢慢的花边及装饰品们，这里的宝贝多着呢。

左边淡蓝色的架子是店主Eduardo亲手绘制，注意一下镜子里也有绘画。

花和小鸟的图案尤其居多，店内风格是女性＆甜美系。

在 Saint Paul 上大大小小的店中间，有一家店门口用花装饰，从门口望进去，店内陈列的可爱东西无可救药地吸引着我们的注意力，那就是"EW"。店名来自于老板名字Eduardo Weckly的首字母。店内主要商品是20世纪初期到中期的家具、餐具、家用亚麻纺织品等古董，也有许多现代的小东西，如墙壁上裹挂着的满满当当的画框、扇子、药箱和镜子等。店内因这些物品气息甜美。另外，该店与别家不同的地方在于店主自己也会做点东西。他最得意也最擅长的是"错觉绘画"，即把旧家具当画布巧妙绘成的作品，与店内古董们的气质居然绝妙地吻合在一起。

EW

古典与原创同栖一室

21, rue Saint-Paul 75004 Paris
tél: 01 42 77 55 11
open: thu-mon 11:00～13:00/14:30～19:00
métro●Pont Marie, Sully Morland

写着"古物件和设计产品集合"的看板。

Au Petit Bonheur la Chance

对复古文具一见钟情！

13, rue Saint Paul 75004 Paris
tél: 01 42 74 36 38
open: thu-mon 11:00~13:00/14:30~19:00
métro ◯ *Pont Marie, Sully Morland*

"Au Petit Bonheur la Chance"原本是卖咖啡容器、咖啡桌上用品等厨房用具的古董店。两年前开始卖一些文具并获到好评，到现在有一半以上的商品都是文具，为咖啡古董店换了次新颜。另外，印有以前广告标记的点咖啡用的笔记板、小学生用的歌词本、贴纸、透明的信封、木尺、橡皮等，也有出售。这些东西的印刷触感、复古的味道，都非常可爱。东西不贵，和点心店卖的零食感觉差不多。看着这些文具，朋友们的脸一个个浮现出来，赶紧给他们都挑个礼物吧！

篮子里放着的是有动物图案的印章，价格在2~10欧元之间，很合理。

四角木尺和色彩绚烂的铅笔，充满怀旧风。

店里厨房用具和文具混在一起。还有带着缩写字母缎带，可以缝在孩子们用的文具上。

有荣军院、玛德莲寺院、教堂和有两个百货店的奥斯曼大道，8号线串联的是这些象征着19世纪巴黎的景点。其中从玛德莲到巴士底地区，是布满17世纪巴黎旧城墙痕迹的大道，通称为玛德莲教堂大道（Les Grands Boulevards）。不过，现在的8号线最能引人注意的，是东边的République到Daumesnil站。过去这里叫做"Faubourg"，是巴黎城墙外的区域。以从巴士底开始的Faubourg St. Antoine路为例，从中世纪开始就是做家具的木匠们聚集的区域。这里的建筑物中有许多小院或中庭，只要走入进去，就有迷路的可能。有些旧时天花板很高的工场或工作室，现在还在。被这里独特的魅力吸引，有些余钱又有点艺术追求、崇尚自由主义的巴黎人，也就是所谓的BOBO族，都来到这一区域生活居住。令这里迅速变身为BOBO们的聚集地。从室内装饰的杂货到餐厅，有着BOBO族特色的时髦店也开始随之次第出现。

Balard　Lourmel　Boucicaut　Félix Faure　Commerce　La Motte-Picquet–Grenelle　École Militaire　La Tour-Maubourg　Invalides　Concorde　Madeleine　Opéra　Richelieu–Drouot　Grands Bouleva　Bonne

昔日下城区，BOBO族的最爱

巴黎的BOBO族爱自由、爱艺术，
乘8号线造访的，就是他们喜爱的11、12区"巴黎下城区"（Faubourg），
这里的街道从下城区中重生，吸引眼球的店家令人目不暇接。

8

Ligne

暮色时分的露天茶座，
住在附近的BOBO族们聚集起来，不知不觉中，时光流逝。

从玛黑前往
令人瞩目的Faidherbe区

　　Saint-Paul 站附近，挤挤挨挨地开满了大小新旧的店，从这里开始一直向北延伸，到达玛黑区的北边购物区。在 Fille du Calvaire 站的 Charlot 路附近，卖室内装饰品和二手服装的店家也陆续新开张，格调品味都不错。另外，从巴士底向东边的 Reuilly-Diderot 站周边，还有很多成为话题的书店、餐厅等。在这条 8 号线上，新地标的共同点是老板都是三十几岁，他们开的店都有自己的主张在里面。或者说，是由 BOBO 族开的，适合 BOBO 族的店。设计师 Emilie 将为我们介绍值得在此推荐的店。在引起她共鸣的店里，感受巴黎的"现在"吧。

Emilie Capman

介绍者… 埃米莉・卡普曼

设计领域涉及室内设计、纺织品、儿童服装等，无特定样式的彩绘插图是她的特长。Emilie 自己的家和工作室，也在 8 号沿线的 Ré publique 站。所开发商品正在发售中（www.comptineduquotidien.com）。

"Nuits de Satin"、"VINTAGE CLOTHING"、Filles du Calvaire站周围，是 Vintage 迷经常去的地方。"不拘泥于品牌，多是按照店主自己的风格收集来的时髦东西。"Emilie说。这家"La Jolie Garde-Robe"，是该区域的新面孔。店主Mari为大家提供的，是20世纪80年代之前的服装同饰品。女性化的商品，不辱店名（店名为"漂亮的衣服"之意）。"因为有 Emilio Pucci 等品牌，所以第一眼看过去会认为很贵，但是靴子和短款上衣的价格从40欧元起，合理的价格让人安心。"

店内商品都是淑女风，让人沉醉。

La Jolie Garde-Robe
闪耀店主个人光彩的杰作
15, rue Commines 75003 Paris
tél: 01 42 72 13 90
open: tue-sat 14:00~20:00
métro○Filles du Calvaire

鞋子、皮包及太阳眼镜等小物品也很丰富。Emilie正在试穿色彩漂亮的夹克。

　　"你好吗？" Emilie一开门，就能听见店内售货员亲切的问好声。不过，那是当然的，"我曾经在这个品牌下工作过呢"，Emilie说。Emilie曾是这个品牌"Robert le Héros"设计团队中活跃的一分子，该品牌以色彩艳丽的纺织品著名。只要是巴黎女性，都知道"Robert le Héros"那些多色条纹或其他花色的印刷图案，那些印花是他们家的长期热卖品。隐藏在玛黑北部小路上的这家店，是该品牌在巴黎的唯一一家。店内陈列着按尺卖的布、窗帘、抱枕、大大小小的包包以及T恤。由于是用色考究的品牌，所以店内色彩会随着季节改换，这也是"Robert le Héros"一直会有的小小坚持。

Robert le Héros

美丽的室内装饰物、纺织品

13, rue de Saintonge 75003 Paris
tél: 01 44 59 33 22　www.robertleheros.com
open: tue-sat 13:00~19:00

métro○Filles du Calvaire,
St-Sébastien Froissart

店内的手写信息，让这里充满诗意。

"The Collection" 开设的初衷，是想将其他欧洲国家创造的作品介绍到法国来。店主Allison Grant于5年前开设了这家店。"怎样才能改变房间内的氛围呢？" 面对这个永恒的问题的回答是，无论是设计还是使用方式都要简单。因此，店内有很多能改变空间感的东西，从巨大的灯罩到餐具、餐巾纸等小物品。很多欧洲的设计品，只在这里有限量出售。在这里选购商品，改变室内形象的创意会自然地不断涌现。

The
Collection

为房屋变身的艺术

33, rue de Poitou 75003 Paris
tél: 01 42 77 04 20   www.thecollection.fr
open: tue-sat 12:00~19:00

métro⚪Filles du Calvaire, St-Sébastien Froissart

用图案漂亮的白色餐具招待来宾吧。这里是白色小鸟系列。

同样是壁纸，却分许多材料。上面是可以用白色的正方形拼合而成的壁纸，下面是用照片和刺绣做的壁纸。

店内有用美女模特做的怀旧卡
片、颜色鲜艳的背景壁纸、以及
各种布料等精选杂货。

打磨光亮的铁皮和木头的感触自然，颜色也是中间色棕色，很好地保持了
当时的格调。

Carouche
循环往复地给古家具新生命
18, rue Jean Macé 75011 Paris
tél: 01 43 73 53 03
www.carouche.typepad.com
open: mon 14:00~19:00, tue-sat 11:00~19:00
métro○*Faidherbe Chaligny*

　　原本在汽车业界打工的老板
Caroline，从很久之前就喜欢古董。突然
改变人生方向，源于她是一个"物品的解
释家"。所谓"解释家"，说的是她擅长
讲那些古董重新修复、打磨、上光上色，
变成闪闪发亮的新样子。已经有好几家杂
志介绍过Caroline这不同凡响的好品位，
而店名"Carouche"则来自于Caroline自
身名字的爱称。在Caroline店里，椅子、
柜子这些大家具间隙中还可见她精选的文
具、亚麻布、餐具什么的。这店颇合
Emilie的口味，她说："下次我也要带自己
的作品过来。"看来是在这里不由自主地
触发了创作灵感呢！

这里是小饰品的天堂，Ryushi 所做的"滴溜滴溜"饰品系列也在其中。

Les Fleurs
花田般的空间

3, passage de la Bonne Graine 75011 Paris
tél: 01 43 55 12 94
www.boutiquelesfleurs.com
open: tue-fri 15:00~19:30, sat 11:30~19:30
métro ◉ Ledru-Rollin

店主Lucie原本是生物学家，"Les Fleurs"是她一时兴起，为了纪念自己的30岁而开的店。她动用了许多方法收集各种小玩意，从展销到网络，凡是一见钟情的东西都收入囊中。所以，店内物品杂陈、种类丰富，有装饰品、笔记本、玩偶、活动雕塑等。虽然种类不尽相同，但有一点是相通的，就是充满了古典与花朵般的甜美气息。只是在这里看着，就觉得开心，边看边不禁将Lucie的心爱之物收入自己囊中了。这家店以"花"为主题，从3岁的小女孩，到成为阿姨的女性，她们在这里都是永远的少女。这样一家店，以"优质的种子"为名，就伫立在小路上。

店内仿佛就是一个为少女设计的玩具箱，任谁看着这些以动物为主题设计的物品，都会不由自主露出笑容。

为孩子们开设的点心教室开始
了，这里是创意十足的老板
Andrea。

店的橱窗上，挂着印有可爱的鸡为图
案的毛巾，下面是看上去非常美味的料理
书。在幼儿的语言中，鸡读作"La
Cocotte"，这也是老板Andrea为爱吃的
人开的书店名称。从给孩子看的小点心书
到有名的厨师长所著豪华的视觉图文书，
这儿与吃有关的书，多达1500种。Emilie
说这店是几个月前才开的，她现在已经是
老板所做的点心的忠实拥护者了。"用粉
色来做主题的店很可爱吧。"确实，柜
台、壁纸，都是粉色的，其实这些都是肉
店的包装纸。Andrea以前是时尚杂志的美
术总监，自然品味不凡。除了点心，原创
的牛奶果酱、印有店家标记的围裙，也有
售卖哦！

La Cocotte
让美味集合起来！

5, rue Paul Bert 75011 Paris
tél: 01 43 73 04 02 www.lacocotte.net
open: tue-wed 10:30~19:30,
thu-sat 10:30~21:00
métro ○ *Faidherbe Chaligny*

原创的毛巾和围巾，值得推荐。
毛巾价格是9~12欧元。

厨房周围的杂货，今后也会渐渐增加，
很期待哦！

Le Temps au Temps

有新来大厨的美味餐厅

13, rue Paul Bert 75011 Paris
tél: 01 43 79 63 40 www.tempsautemps.com
open: tue-sat 12:00~14:00/20:00~22:30(LO)

métro ○ *Faidherbe Chaligny*

Sylvain和Sarah夫妇在美食之都里昂学习厨艺后，3年前开了这家仅有24个位子的小店。"Le Temps au Temps"提供的美食，既有别于大餐厅又不同于小餐馆，是新时代的法兰西美食艺术。注重运用新鲜的材料、使用新的烹制技巧，是淳朴独创的料理。看板上写的菜单，随着季节、材料的变化而变化。常常会有美食评论家介绍这家店，3年前"Le Temps au Temps"在安静的Paul Bert路上开张，却一时像引爆炸弹般人群汇集。Emilie说，最近若要吃晚饭的话就会想到这家店。因为非常有人气，要一周前预约才行，Emilie如此建议道。

Sylvain和Sarah夫妇的款待亲切而温暖。一顿主餐前有甜点和两份色拉的晚餐大约27欧元，很划算。

上面是"没有烟熏处理的鲑鱼"，通过低温慢慢烘烤。下面是"Le Temps au Temps风味柠檬"，搭配上Sablé（饼干的一种）、果子冻露，风味绝佳。

Passages

19世纪诞生的"Passage"，是指从建筑物中间穿过的捷径，因为有玻璃房顶，即便天气不好，也可以在这里享受散步的乐趣，因而非常有人气。"Passage"中还聚集了许多流行的商店。在巴黎众多这样的通道中，Grands Boulevards站周边的3条还留有当时的风景，非常有名。1800年完工的"Passage"，以印卡片的老铺子"Passage des Panorama"为首，有许多插画书和古邮票商店。隔着一条大道的"Passage Jouffroy"诞生于19世纪中叶，同时开业的还有Hotel Chopin、古董杂货铺Pain D'epices、专门卖电影类书籍的旧书店等有特色的店铺。那前面的Passage Verdeau，有画廊和古董商店，在小路上可以悠闲地观赏此地建筑物之美。

雨天，前往19世纪的巴黎，来场时光旅行！

Le Valentin

享受朴素的点心、下午茶

30-32, passage Jouffroy 75009 Paris
tél: 01 47 70 88 50
open: mon-sat 9:30~19:30, sun 10:00~19:00
métro◯Grands Boulevards

"Le Valentin" 位于Passage Jouffroy 上的蜡像馆Musée Grévin的出口附近，它坚持用新鲜的材料、手工制作点心。店内不仅有蛋糕，还有糖果、巧克力、果酱等出售。买来作为土特产或礼物送人也可以。若想在历史建筑中悠闲地享受下午茶时间，"Le Valentin" 是个特别值得推荐的地方。另外11: 30-15: 00的午餐时间也很有人气。

Le Bonheur des Dames

要刺绣的话，就交给这里吧

8, passage Verdeau 75009 Paris
tél: 01 45 23 06 11 www.bonheurdesdames.com
open: mon-sat 10:30~14:00/14:30~19:00
métro◯Grands Boulevards

"Le Bonheur des Dames" 的意思是主妇们的幸福，是家专门卖刺绣用品的店。1979 年，从 Passage Jouffroy 搬到 Passage Verdeau，是这一地区的代表店家之一。老板 Cécile，曾在丹尼尔（DANIEL HECHTER）做过 10 年设计师。她设计的原创刺绣品，在全世界各地都有人爱，那些装裱在框里的作品，相信绝对会抓住手艺迷的心。

Le Viaduc des Arts

花开的散步道，是手艺人之街

1-129, avenue Daumesnil 75012 Paris

Viaduc是从1859年就建造的高架铁路，直到1994年，它才成为巴黎12区的新宠。这条路从巴士底歌剧院出发，与8号线几乎并行，粉色的墙壁是它的标记。种植着树木的上层通道，通称Promenade Plantée，因季节不同盛放不同的花朵，人们可以在这些花里享受空中散步。Viaduc连接了路易庭院（Jardin de Reuilly）和凡仙森林（Le bois de Vincennes）。另一方面，拱门连接的楼梯下面，若想了解Faubourg Saint-Antorine木匠院的历史，就去手工作坊的画廊街。乐器手艺人、画师、吹玻璃艺人和金银匠工等，有50家以上的创意人、手工艺人店，一直延续到Montgallet站附近的电脑街。

空中庭院一直延续到凡仙森林，天气好时，有很多人会到这里享受散步的乐趣。

楼下连接着手艺人与艺术家的空间，家具艺廊及咖啡店也很受欢迎。

1号线开通20余年后，9号线从Trocadéro到Exelmans站之间才终于开通，现在已经成为向东向西都可以通往郊外的路线。最初9号线是专为16区而建的地铁线路，被布劳涅森林和塞纳河夹在中间的16区，在拿破仑3世以前都算是巴黎以外的地方。随着20世纪初地铁的诞生，该地区也得到了发展，对于喜欢现代建筑的人来说，16区很有的一看。为1937年世博会而造的东京宫(Palais de Tokyo)、夏佑宫，Art Déco建筑师Mallet-Stevens所造的建筑物小道、还有以设计地铁入口而闻名的Hector Guimard建造的新艺术住宅，较近的则有Le Corbusier的作品。现在，16区以其是布尔乔亚的住宅区而闻名，有贵妇们喜欢的以Franck et Fils为中心的百货用品公司、用活动木偶和旋转木马吸引孩子们的Jardin du Ranelagh公园，公园里静静伫立的Marmottan-Claude Monet美术馆，都是住民喜爱的地方。

Pont de Sèvres
Billancourt
Marcel Sembat
Porte de Saint-Cloud
Exelmans
Michel-Ange–Molitor
Michel-Ange–Auteuil
Jasmin
Ranelagh
La Muette
Rue de la Pompe
Trocadéro
Iéna
Alma–Marceau
Franklin D. Roosevelt
Saint-Philippe-du-Roule
Miromesnil
Saint-Augustin
Havre–

近距离接触近山地区的16区的素颜

9号线布尔乔亚们的16区专用线，
从近山地区到香榭丽舍的露天咖啡座，
时髦的贵妇和大小姐们前往的地方。

9

Ligne

16区漂亮的建筑群，
可以一边享受这安静的氛围，一边散步。

Trocadéro-
La Muette-Auteuil

Miriam做过广告代理商工作，之后创立了专门为孩子的房间设计的威尼斯风格壁纸（Venezia wall stickers）自创品牌mimilou（www.mimilou.net），她将带我们寻访16区别致的地方。

Miriam Derville

介绍者…

米里娅姆·德维尔

感受 16 区的精神

　　设计师Miriam说，虽然16区是贵妇们的16区，给人的印象颇为古典，但实际上，感觉很好很现代的地方也有很多。16区是将Passy Village、Auteuil Village和Chaillot Village三个村合并而成的区域，是巴黎最大的行政区。虽然已经合成一个区域，但这3个区仍然保持着各自的个性。有艺术中心Palaisde Tokyo的Trocadéro、传达16区精神的时髦购物街、虽然是亲切的商店街风格，但是品位又略显不同的Auteuil Village，都散发着16区的魅力。

Miriam 说"Laurent Deschamps"
是她最近刚刚发现的、品位很好的花店。
该店的老板 Christian Tortu 曾在有名的
Pierre Declercq 工作了 13 年，之后自
己开了这家店。他说有些样式虽然在过去
很受欢迎，但是现在想创造有自己风格的
经典花束。他比较喜欢的植物是兰花、芍
药和玫瑰花球。Miriam 为今天的餐桌选
了绣球花，它们经 Laurent 之手，立刻
不动声色地变得个性十足。店里面还另辟
有放房间装饰用的小物件。

店位于小道（Passage）的入口处，
里面还有放房间装饰用品的空间。

Laurent Deschamps

经典而现代的美丽花束

60, rue de Lonchamp 75116 Paris
tél: 01 45 05 10 21
open: mon, tue, thu, fri 9:00~20:00,
wed, sat 10:00~19:00
métro ◯ Trocadéro

墙壁为灰色的店内有很多色
彩鲜艳个性十足的花。

严格选择的古董，以安娜瓷的色彩加以
粉妆。餐具类也很女性与洛可可风格。

"Peau d'Âne" 的意思是"驴皮公
主"，年轻的凯瑟琳·德纳芙（Catherine
Deneuve）主演过同名电影。故事创作者
就是《小红帽》《蓝胡子》《睡美人》
《灰姑娘》……这些童话故事的作者夏
尔·佩罗（Charles Perault）。店如其
名，店内法国式的古董家具和灯饰都展
现着童话般的魅力。那些女性化的用
品，用老板的话说：都是按照自己的喜
好挑选的。在亚麻上刺绣或者重新风之
窗帘。通过这些方式，老板让古董焕发
新颜。总是不断有人听到关于这家店的
好评，从很远的地方赶来。

Peau d'Âne
居家＆洛可可的古董店
3, rue Claude Chahu 75016 Paris
tél: 01 45 27 43 18
www.peaudane-brocante.com
open: tue, thu-sat 11:00~19:00
métro◯La Muette

店主的爱犬们，不是店内
出售物品，请见谅。

装帧优美的笔记本与相册，想
买来当做给自己的纪念礼物。

　　"Cassegrain"是Saint Honoré创
立于1919年的老文具店。本来是做凹版
印刷，即做卡片或便签纸上的版画印刷。
也许是这个原因，店内的桌子都是皮制
的，与一般的文具店略有不同。现在仍有
很多顾客在这里订购名片及印插画的信
封，是只有在16区才会看到的风景。在
凹版印刷的样品本上，有素描、纸型以及
活字印刷等的样本。另外，还有原创的笔
记本、相册等，装帧古典，作为礼物送人
也很合适。印有大写的罗马字母的信封组
合，也适合作美丽的纪念品。

Cassegrain

正统派的高级文具

18, avenue Mozart 75016 Paris
tél: 01 42 24 97 77 www.cassegrain.fr
open: mon 14:00~19:00,
tue-fri 10:30~13:00/14:00~19:00,
sat 11:00~13:00/14:00~19:00
métro○La Muette

店里的便笺纸、信封是设计图样的宝库。时间允许的
话，自己定做一个原创的文具吧！

Palais de Tokyo

亲近现代艺术的地方

13, avenue du Président Wilson 75116 Paris
tél: 01 47 23 54 01 www.palaisdetokyo.com
open: tue-sun 12:00~0:00
métro◯*Iéna, Alma Marceau*

品种丰富的书店和 "BlackBlock" 是必去之地。

"'Palais de Tokyo'虽说是在现代艺术中占有一席之地的美术馆，但同时也是对住民来说亲切的存在"，Miriam如是说。Palais de Tokyo里的餐厅Tokyo Eat装潢非常艺术，开到深夜1：00。美术馆商店 "BlackBlock" 里有很多非常有名的插画艺术家的原创作品及新手的创意之作，是 "买得起的现代艺术"。另外，从插画到花色图案再到建筑，只要与现代艺术有关的书，几乎都可以在这里的书店找到。Miriam说，这就是她之所以喜欢东京宫的原因，随意地喝喝茶、看看书，顺道看个展览，这里是个随时可以轻松前往的地方。

从外部大厅可以看见 Tokyo Eat 餐厅。

这些颜色丰富的杂货，不仅可以用在孩子的房间，在一般的室内装潢中也能大展身手。

Happy Garden

孩子们的杂货店

116, rue Jean de la Fontaine 75016 Paris
tél: 01 40 50 06 67 www.happygarden.fr
open: mon 14:00~19:00, tue-sat 10:30~19:00
métro◯Michel Ange Auteuil

"在有我作品的几家店里，我跟这家的关系特别好"，Miriam说。意思为"幸福庭院"的"Happy Garden"，位于小巧别致的Hippodrome村的商店街上。Happy Garden原本是以水滴和花朵设计装饰雨衣的品牌，店内有老板Marie Laurence的作品，以及他挑选的Judith Lacroix、WOWO等法国风的儿童装，和孩子房间的装潢用品等并置在一起。从mimilou到用孩子的肖像制成的商品，个人化的杂货非常丰富，许多东西就连大人看了也会入迷呢。

Wall Stickers是Miriam为mimilou设计的产品，用剪刀实战演练中。

从东京宫一侧的楼梯走下去，可以看见塞纳河畔小道上有黄色遮阳布的小小露天座位。只有问口味挑剔的巴黎人，他们才会告诉你这家餐厅。"Aux Marches du Palais"创业于1906年，4年前接任该店的新老板，延续了自创业来的精神和装修上的Art Déco风格。提供"用现代风诠释自古就有的法国料理"。午饭可以从看板上的推荐里选择，每日更换，前菜加主食、两杯酒的套餐共21欧元。当家料理是用鱼卵和鲜奶油调配的tarama酱汁（源自希腊的一种酱）、搭配新鲜海胆等放在玻璃容器内的冷前菜。这里过了午餐时间，也有餐点，对经常忘记时间的旅行者来说，是件令人高兴的事。

Art Déco风格的装修和美味料理，不愧是16区的餐厅！

Aux Marches du Palais

只有行家才知道，隐藏在16区的餐厅

5, rue de la Manutention 75116 Paris
tél: 01 47 23 52 80
open: sun-thu 12:00~17:00/20:00~23:00,
fri-sat 12:00~17:00/20:00~23:30(LO)
métro○Iéna, Alma Marceau

黄色的遮阳布令阳光变得暖暖的，午后也可以在这里享用午餐。

朝南的露天座位上，可以从夏佑宫的屋顶上看到埃菲尔铁塔自天边露出。

特罗卡迪罗广场（Place Trocadéro）面向有剧院和美术馆的夏佑宫，以能从正面眺望埃菲尔铁塔而闻名。这个广场上有几个有露天座位的咖啡店，下午茶时间最值得推荐的是"Carette"。第一眼看上去，Carette并没什么特别，穿过露天座位走入店内，才能看到它内部保留的1930年代的经典装潢。左手边的巨大玻璃柜内，放着一大堆蛋糕甜点。Miriam首先要向我们推荐的，是有名的macaron，"可以打包带走，所以一定要尝尝看哦！"Carette里茶的种类也很丰富，想稍稍吃点东西的话，可以选择三明治或千层糕。

Carette
看得见埃菲尔铁塔的甜点咖啡店
4, place du Trocadéro 75016 Paris
tél: 01 47 27 88 56 www.carette-paris.com
open: 7:00~0:00
métro ○ Trocadéro

Miriam推荐的macaron。不过，Miriam今天享用的是一款éclair泡芙。

展示架上的蛋糕点心，似乎有点过于丰盛了呢。

Boulogne
Pont de Saint-Cloud
Boulogne
Jean Jaurès
Porte d'Auteuil
Michel-Ange
Auteuil
Église d'Auteuil
Javel-André Citroën
Charles Michels
Avenue Émile Zola
La Motte-Picqu
Grenelle
Michel-Ange
Molitor
Chardon
Lagache
Mirabeau

乘 10 号线，去巴黎的甜美之地

从 Austerlitz 站到布劳涅森林，
东西向穿过巴黎左岸的 10 号线，连接了巴黎的甜美之地，
爱好美食的人们禁不住诱惑，乘 10 号线踏上这点心之旅。

Ligne

10

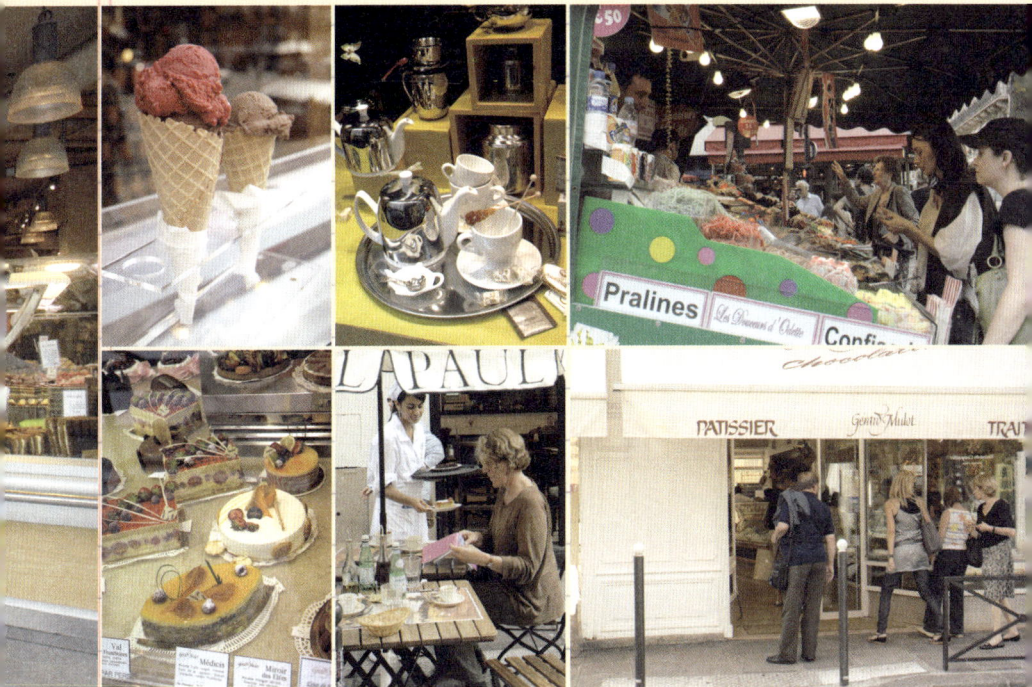

Pierre Hermé、Pierre Marcolini、Patrick Roger、Gérard Mulot，还有Poilâne、LADURÉE、La Maison du Chocolat……关于这些名字你知道多少呢？他们都是甜点迷们喜欢的巧克力专家和甜点师们，乘10号线即可寻访得到！该线路上著名的店家除了有名的Maison Kayser，还有独创冰激凌的Dammann、拉丁区（Quartier Latin）学生聚集的Patisserie Viennoise，这条美味的线

Duroc — Vaneau — Sèvres–Babylone — Mabillon — Odéon — Cluny–La Sorbonne — Maubert–Mutualité — Cardinal Lemoine — Jussieu — Gare d'Austerlitz

路，从5区开始穿行到7区。从Odéon站、Mabillon站前往Buci市场，圣日耳曼中心得Bonaparte路，还有Cherche-Midi中心也是必之处。若想找特产，去老字号百货商店Le Bon Marché的食品馆和Duroc站前的地方点心专卖店La Gourmandise de Nathalie。包装漂亮、美味的糖果、饼干正在那儿等着你。

走过66号的Salon de Thé、68号的古董店、70号的厨房用品二手店，就可以看到Cherche-Midi路上"Mamie Gâteaux"的看板了，店名的意思是"像点心一样甜的外婆"。这里是老板Mariko Duplessis的世界，他曾在日本和巴黎学习过西洋点心制作、喜欢跳蚤市场。Mariko的店里，每天有7-8种点心登场，午餐时间可作餐点的水果派很有人气。不管是哪种食品，都保留了法国新鲜蔬菜和水果的最佳风味，既不会太甜也不会太酸，味道控制得恰到好处。就凭这点，也足以捕获注重健康的巴黎女性的心了。

店内装修就像以前农家的厨房，精品店或二手店也经常采用这个风格。

Mamie Gâteaux
像外婆厨房一样让人心情好的地方

66-68-70, rue du Cherche-Midi 75006 Paris
tél: 01 42 22 32 15   www.mamie-gateaux.com
open: tue-sat 11:30~18:00
métro○Sèvres Babylone

陈列甜点的台面，苹果和覆盆子的Crumble，无花果、杏仁的水果派，控制甜味，味道细腻。展示台上的古典杂货也相当可爱。

添加果酱食用的水果派，右边是朴素口味的蛋糕们。

Passage Dauphine面向塞纳河畔，连接两条艺术街，是条石板小道。不仅车不多，连行人都没多少。"L'Heure Gourmande"就安静地伫立在这小道上，店名字的意思是"饕餮客的时间"。这里的甜点都是手工制作，起司蛋糕、巧克力、水果派以及甜点Crumblé是主角。柠檬派蛋糕、放入很多干果的蛋糕，是连在巴黎都很少会吃到的东西。在阳光好的季节里，坐在露天座位中，享受喝茶时间。口吐白气的寒冷季节，店内则换成以黄色调为主带来温暖感的装潢。来试试这里的古典、味道浓厚的巧克力秀吧。

L'Heure
Gourmande

隐藏于小道的店家

22, passage Dauphine 75006 Paris
tél: 01 46 34 00 40
open: 11:30~19:00
métro○Mabillon, Odéon

以黄色为基调的温暖店内，2楼是个让人能够安静下来的地方。

11号线从起点站Châtelet开始，向东北驶往临镇Lilas，是巴黎最短的地铁线路。前身是连接République与Belleville两者的交汇点，爬上坡道的缆车"Funiculaire des Belleville"。路线中心位置的Belleville站附近，有着"美丽的城镇"的美称。自法国大革命以来，就是劳动阶级居住的平民区。进入20世纪，第一次世界大战前后，亚美尼亚人及希腊人大量涌入，第二次世界大战前后，德国犹太人、西班牙人涌入。接着是20世纪60年代的阿尔及利亚和突尼西亚人、20世纪80年代的非洲、亚洲人等，移民再次不断聚集，城镇也在发展壮大。现在的Belleville，有足以代表巴黎的中华街，亚洲各国的商品都聚集于此。另外，11号沿线还有许多由法国籍移民所做的异国料理店，有与法国渊源深厚的越南、黎巴嫩及摩洛哥料理，在法国，就能享用到地道的异国美食。

Châtelet　Hôtel de Ville　Rambuteau　Arts et Métiers　République　Goncourt　Bellev

11号线，在巴黎感受异国风情

Belleville是由劳动者和移民们建造的地方，是人种大熔炉的地方，也是异国美食的聚集地，快来尝尝巴黎人最爱的异国料理。

Ligne

11

庭院中的露天座位，
晚上则作为酒吧使用。

到巴黎尝异国料理的话，首先一定要尝尝蒸丸子（Couscous，北非菜名），在为数众多的Maghreb（阿拉伯文"日落之地"的意思，指非洲西北部风格的料理）中，这家"404" 15年间人气不倒，聚集了大批时髦的人们。店主Momo，在伦敦还开设有时髦餐馆"Le Momo's"，"404"的隔壁还有Maghreb风情的意大利酒吧，叫做"Tapas bar"。此外，他还出版了《Momo的料理》一书，是这条路上的名人。他独创的这家餐厅里，除了有蒸丸子和塔吉（Tajine）等依照摩洛哥传统制作的当家菜外，周末还可以享用Berber（巴尔巴尔族风）的午餐。用餐前，也可以到隔壁的"Tapas bar"来杯开胃酒。暖和的季节中，不妨在庭院的露天座位上享用餐点。

404
味道与氛围，都是地道的摩洛哥

69, rue des Gravilliers 75003 Paris
tél: 01 42 74 57 81
open: mon-fri 12:00~14:30/20:00~0:00,
sat-sun 12:00~16:00/20:00~0:00(LO)
métro○Rambuteau

摩洛哥风的内部装潢。开放式厨房可以让人们看到厨师们工作的样子，给餐厅带来热烈的气氛。

前菜8盘，40欧元，价格合理。

黎巴嫩料理因其蔬菜丰富、保持材料原味而在巴黎成为话题。"Assanabel"家的料理总是以鲜艳丰富大胆的面目示人，价格也非常合理，让人宾至如归，因而有着很大的魅力。值得推荐的是点几个用小盘子装的前菜，与好友一起分享。比如Baba Ghannouj（茄子鱼子酱）、Humus（加入鹰嘴豆的酱汁）、Falafel（加入鹰嘴豆的可乐饼）、Tabouli（香草与杜兰小麦的色拉）等。由于种类太多，即便每种只吃一点，肚子也就饱了。值得一提的是，两人份的料理是8盘哦。甜点是加入蜂蜜和开心果的奶油Muharabie（黎巴嫩语，一种甜点的名字）。

杏仁和蜂蜜风味的甜美的点心，和黎巴嫩风味的无糖薄荷茶一起享用。右边的料理，一定要试试！

Assanabel
蔬菜丰富、健康的黎巴嫩料理
6, rue Pierre Chausson 75010 Paris
tél: 01 42 08 09 08
open: 12:00~14:30/19:00~23:00(LO)
métro◯République

　　将生牛肉切成薄片，加入滚烫的汤中，即成Tonkin（越南北部古称）风味的米粉。无论是问法国人还是在法国的越南人，该去哪里吃越南米粉，回答一定是"Dong-Huong"。这家店约10年前开业，当时只是个有两个房间相连的小食堂，后来店主将隔壁买下扩张了店面，不知不觉变成这地区最大的餐厅之一。尽管如此，纸制餐巾、塑料的餐具和筷子、几种汤面和春卷，还是像以前一样没有什么变化。巴黎人爱去的越南食堂，是靠味道取胜的。

放入虾与猪肉的春卷。

Dong-Huong

巴黎人爱去的越南食堂

14, rue Louis Bonnet 75011 Paris
tél: 01 43 57 42 81
open: wed-mon 12:00~22:30(LO)
métro◯Belleville

颇具人气的米粉，可依据个人爱好添加香料、生豆芽菜、辣酱、唐辛子和柠檬等。

12号线连接的蒙马特(Montmartre)和蒙巴纳斯(Montparnasse)，对巴黎人来说，是特别有影响力的两个区域。巴黎南部的蒙巴纳斯在20世纪之初聚集了各国艺术家，由此形成了巴黎画派的传奇。另一方面，北部的蒙马特，是与酒馆、妓女、吉卜赛人等有关的吉卜赛文化紧密联结。电影《天使艾米丽》里描绘的蒙马特，是12号线的Pigalle站到Jules Joffrin站一带。艾米丽打工的咖啡店、附近的食品店等摄影地，就在这附近，可以边在这一区域的石板小路上散步边参观，玩味着电影中的氛围。艾米丽打电话叫尼诺出来的公用电话，位于蒙马特的圣心教堂广场，也是这一区域的象征。这里还有怀旧的旋转木马，也如同电影中的情景一样。从广场出发前往圣心教堂，可以使用与地铁相同的车票搭乘蒙马特有名的缆车。登上寺院前的眺望台，巴黎的街景就尽收眼底了。

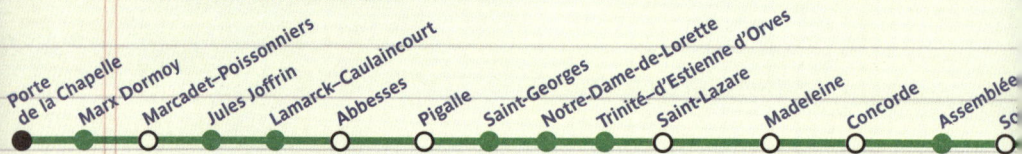

电影《天使艾米丽》的食品店拍摄地。

Porte de la Chapelle　Marx Dormoy　Marcadet–Poissonniers　Jules Joffrin　Lamarck–Caulaincourt　Abbesses　Pigalle　Saint-Georges　Notre-Dame-de-Lorette　Trinité–d'Estienne d'Orves　Saint-Lazare　Madeleine　Concorde　Assemblée　So

寻找"艾米丽"，到蒙马特去

从圣心教堂俯瞰可以见到的平民街区，电影《天使艾米丽》的舞台蒙马特，
外国艺术家聚集的艺术之地，蒙巴纳斯，
12号线，连接了能够代表巴黎文化史的两个区域。

Ligne

12

蒙马特的坡道，最上面露出一角的就是圣心教堂白色的屋顶。

画家云集的特纳广场。

蒙马特人的庭院
Abbesses 周边

传达地域历史的蒙马特美术馆，至今还有产酒的葡萄园。为人画肖像及风景画的画家们聚集在特纳广场，诗人及画家的工作室集中在Bateau Lavoir，还有以巨大的风车为象征的红磨坊。作为观光圣地，蒙马特与城堡和教会代表的权利相对，代表的是属于平民的历史。现在蒙马特人仍然继承着那些背井离乡人们的精神，他们的庭院，就是在Abbesses站附近的咖啡店和商店街。就像《天使艾米丽》里那样，虽小却个性十足的店铺鳞次栉比。这些店铺都不是什么高级的品牌，但对于按自己的方式享受生活的蒙马特人来说，都是他们爱的地方。

Abbesses

稍稍走一段路，就能看到葡萄田。每年10月初都会举行盛大的收获节。

Abbesses 站 还 存 留 着Hector Guimard原创设计的地铁入口。

将美味水果姿态保留下来的Confit（一种中世纪就有的低温处理保存食物的方法），就是把水果保存在糖中的甜点。

诺曼底和布列塔尼 (Bretagne) 的特产糖果。

位于12区Aligre市场的谷物专卖店 "La Graineterie du Marché"，是个行家都知道的老铺。到20世纪70年代末，老铺的名号在Lion家族中都代代相传，后来Lion家的Sophie在Abbesses区域开了这家 "Ets Lion"。店家的理念是 "植物的种子和由种子做成的各种食品"。种类丰富，包括香草、咖啡、巧克力、茶、意大利面、果酱、地方特色的点心以及酒等。专业的食品师们制作的东西齐聚店内，看上去都很好吃。老板继承他们家族室内装潢的特色，采用感性自然的木制风，给店内带来愉快的氛围，吸引着喜欢用朴素食材做成的点心的人们不断前来。

Ets Lion
由种子生发出的美味食品
7, rue des Abbesses 75018 Paris
tél: 01 46 06 64 71
open: tue-sat 10:30~20:00
sun 11:00~19:00
métro○Abbesses

设计家具和商品在一个空间内，因有着相同的品味而融为一体。让人看着不由得会想：真想住在这样的房间！

"Spree"是Roberta及Bruno这对情侣在Abbesses站附近的路上开设的精选店。这家店的空间混合了画廊和现代商店的气质，是能够代表巴黎的时髦地点之一。Roberta选择的商品是Preen、Notify Jeans、Golden Goose等品牌，创意十足略带女孩气。引领潮流、首次运用鲜艳颜色的芭蕾鞋，是这家店的常备商品。另一方面，Bruno负责艺术和设计部分，加上从20世纪50年代到80年代的波兰Eames家具，介绍现代法国艺术家的作品。

Spree
设计和商品的组合

16, rue la Vieuville 75018 Paris
tél: 01 42 23 41 40 www.spree.fr
open: mon 14:00~19:00,
tue-sat 11:00~19:30, sun 15:00~19:00
métro●Abbesses

采用剑和骷髅为装饰的小物件，精巧美丽，呈现出优雅的样子。

涂上白色油漆的木头墙壁，用动物的角、烛台等做装饰，就像在北国狩猎用的城堡里。

Corpus Christi

有哥特味道的纤细宝石

6, rue Ravignan 75018 Paris
tél: 01 42 55 77 77 www.corpuschristi.fr
open: mon 14:00~19:00, tue-sun 11:00~19:00
métro○Abbesses

　　"Corpus Christi"位于从阿贝斯广场（Place des Abbesses）延伸出去的坡道的中间，在拉丁语中，这家店名的意思是"基督耶稣的身体"。店内的商品由设计师Thierry挑选，都是灵感来自中世纪及宗教艺术的装饰品。那些小小的挂件和项链，仔细一看就会见到有骷髅、王冠、剑等元素在上面。这样的哥特风，却又非常女性化，使用银和半宝石等高贵的素材，即变得非常优雅。白色的幕墙上，装饰着动物的角和装饰盾牌。展示区的玻璃箱及贝壳也引人遐想。整个店都像北国的城堡。

乘12号线来到左岸，7区的Rue du Bac站周围，是儿童店的宝库。其中的主角，便是Grenelle路82号的"Bonton"。去年秋天，"Bonton"隔壁"Bonton Babe"开张，另外同一区域以儿童室内装潢为主的"Bonton Bazar"也崭新登场，一时间成为巴黎儿童店界的话题。

"Bonton Bazar"店内展示了儿童的厨房、学习房间、浴室和卧室等房间，让人可以切身体验这些房间的氛围，是它的魅力所在。商品主要包括亚麻类纺织品、用古典而色彩鲜艳的颜色所做的床及高脚椅子等，还有色彩丰富的杂货。就算是大人，来到这里也能得到启发，想模仿一下装饰自己的房间呢。

厨房一角。墙壁边的巨大柜子里，放着颜色丰富的杂货。

Bonton Bazar
巴黎最棒的 Kids Shop

122, rue du Bac 75007 Paris
tél: 01 42 22 77 69 www.bonton.fr
open: mon-sat 10:00~19:00
métro◉Rue du Bac, Sèvres Babylone

On est très amis.

浴室一角。这里也是流行杂货的宝库。

Petit Blanc d'Ivoire

着迷于淡粉色系的室内装潢

104, rue du Bac 75007 Paris
tél: 01 42 22 87 12
www.petitblancdivoire.fr
open: mon 12:30~19:00,
tue-sat 10:30~19:00
métro◯Rue du Bac, Sèvres Babylone

　"Blanc d'Ivoire" 是以白色亚麻纺织品和家
具闻名的成人室内装潢品牌。应粉丝们 "也为孩子
做些东西" 的要求，诞生了 "Petit Blanc d'Ivoire"。
主要提供从婴儿到14岁儿童的商品。店内采用
淡蓝、粉红、米色等温柔的颜色装饰。除了床上
用品和孩子的服装以外，各
种小东西都非常丰富。甚至
还有放乳牙的小物品及小吊
包，都很适合作为礼物送人。

Nouez-Moi

订制亚麻刺绣的专店

86, rue du Bac 75007 Paris
tél: 01 45 48 84 25
open: mon 14:00~19:00,
tue-sat 10:30~19:00
métro◯Rue du Bac, Sèvres Babylone

　"Nouez-Moi" 的橱窗里放着绣有各种信
息的小东西，是室内装潢者 Lillan Pons-
Seguin 亲手精选原创亚麻纺织品所开的店。
特别之处是可以定制刺绣品。店内的亚麻纺
织品，都可以以刺绣的方式加入个人信息。
从订购到做好大概需要一周
的时间，所以可以在旅行之
际去订购商品。包裹婴儿用
的小棉被等用品非常丰富，
是适合庆祝生产的礼物。

PORTE BRANCION

VANVES

✚ Saint JOSEPH

Saint-Denis Université • Basilique de Saint-Denis • Saint-Denis Porte de Paris • Carrefour Pleyel • Mairie de Saint-Ouen • Garibaldi • Porte de Saint-Ouen • Guy Môquet • La Fourche • Place de Clichy • Liège

Gabriel Péri Asnières–Gennevilliers • Mairie de Clichy • Porte de Clichy • Brochant

巴黎南端，遍访跳蚤市场

周末的早上，若天气好，不妨乘13号线往南边去，
首先去 Vanves 寻宝，然后再到 Georges Brassens 公园的旧书市，
如果你是个喜欢杂货的人，万万不可错过跳蚤市场，赶紧出发吧！

13

Ligne

从北方的Saint-Denis市，经过Saint-Lazare站和荣军院，来到Malakoff市，这就是纵贯巴黎的13号线。这条路线上值得一去的地方，首推Vanves跳蚤市场。巴黎共有3个跳蚤市场：以大规模著称的Clignancourt、位于东边的Montreuil以及Vanves。但最值得推荐的无疑是最后一个。恰到好处的规模、良好的治安，经

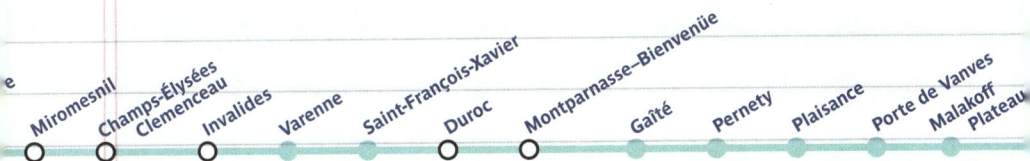

e — Miromesnil — Champs-Élysées Clemenceau — Invalides — Varenne — Saint-François-Xavier — Duroc — Montparnasse–Bienvenüe — Gaîté — Pernety — Plaisance — Porte de Vanves — Malakoff Plateau

常会发现质感好的东西，更是人们来这里的理由。周末的早上，若拉开窗帘后看到美丽的蓝天，那就赶快乘上13号线，到Porte de Vanves去吧！因为跳蚤市场只在上午开放，早去是找到好东西的秘诀。若过了中午跳蚤市场摊位关闭，还有余力的话，可以去旧书市看看。旧书市位于Georges Brassens公园，距离Vanves跳蚤市场只需徒步走5分钟，在这里既能找到有历史感的皮革精装书，也可看到可爱的复古插图绘本。很多东西让人即使不会法文，也因为喜欢这些美丽的书，而想要买下来呢。

从Porte de Vanves站出来，背向路面电车的方向朝南走，没走多久，就可以看见左手边有许多遮阳伞的摊位，那就是跳蚤市场。这里是大约380家大大小小经营者聚集的场所，包含有家具、小物件、布料等各种门类，风格则从中世纪到18世纪的Art Déco应有尽有。摊位挤挤挨挨的总长度达1.5公里左右，是适合中午前往、慢慢寻宝的规模。

Marché
aux Puces
de Vanves

去值得强烈推荐的巴黎跳蚤市场！

Avenue Marc Sangnier &
Avenue Georges Lafenestre 75014 Paris
www.pucesdevanves.typepad.com
open: sat-sun 7:00~13:00

métro **Porte de Vanves**

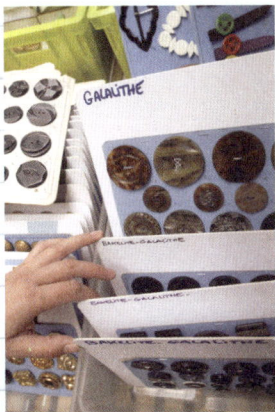

首先引人注目的，是立在入口处Eric先生的俄罗斯蜡纸油印（Pochoir）瓷器餐具；法国的代表性海报画家Raymond Savignac等亲手设计的广告商品也不可错过；另外，纽扣专卖店"HE collection"也一定要看看。其他的像餐具、装饰品等，从蕾丝到亚麻桌布都有，在Vanves跳蚤市场，绝对能让你喜欢杂货、渴望法国风情的心得到大满足！

绿意盎然的 Georges Brassens
公园，只手拿着在旧书市上
买到的书，在躺椅上小憩一
会吧。

Marché
du Livre
Ancien et
d'Occasion

在复古的书中，来场时光旅行！

Parc Georges Brassens
104, rue Brancion 75014 Paris
www.gippe.org
open: sat 7:30~18:30, sun 10:00~18:30

métro○Porte de Vanves

面向Brancion路，在Georges Brassens公园入口处的广场，每周末都会有聚集60-80个摊位的旧书市场。来这里的，既有穿着溜冰鞋的孩子们，也有高龄绅士。皮革精装书内，金色的文字，插入活版或木刻版画，也有《丁丁历险记》等旧漫画，总之，包含几乎所有领域的书和杂志。到傍晚为止，都可以在旧书的世界里游荡。

14号线在1998年开通，自动运行无人操控，一进站就能看见全然摩登的巴黎新地铁。这条路线的目的地，是巴黎的新地标，现代建筑林立的Bercy。Bercy站下车后，首先看到的是弗兰克·盖里（Frank O.Gehry）设计、在建筑界广为人知的电影资料馆。那里经常有爱好电影的人不容错过的各种展映计划。Bercy公园则有新建的水上游泳池"Josephine Baker"和显眼的红塔船上俱乐部"BATOFAR"。若想悠闲度过周末的下午，请到Bercy Village。在周日大多数店都关门的巴黎，那里却在周末也照常开放。在以放映20多个节目而自豪的电影院里看电影连场，享受下买杂货的乐趣，再到为数不少的露天咖啡座哪里去用餐或喝个茶。这就是昔日不断往巴黎运送酒的仓库所在地Bercy。现在还留着能追溯那段历史的三角屋购物村，是巴黎人休憩的场所。

Saint-Lazare — Madeleine — Pyramides — Châtelet — Gare de Lyon — Bercy — Cour Saint-Émilion — Bibliothèque François Mitter

搭乘最新的地铁，发现全新的巴黎

塞纳河岸，好像没那么巴黎的充满现代摩登建筑的13区，
购物村Brecy Village周日也会开放，
透过最新的14号线，看见"新巴黎"的面貌。

Ligne

14

人气料理，金枪鱼，24.5欧元。

Chai 33
可享用酒的餐厅

33, cour St-Émilion 75012 Paris
tél: 01 53 44 01 01   www.chai33.com
open: 12:00~0:30(LO), 18:00-2:00(bar)
métro ○ Cour St-Émilion

Bercy Village的石板路上有数家有露天座位的餐厅，其中的"Chai 33"是家可以同时享用食物和酒的属于成年人的餐厅。由于开在历史悠久的酒库区，所以店家的宗旨是：希望可以让人们轻松地喝到好酒。根据酒的色香味，"Chai 33"将酒分为6个颜色，便于选择。点好餐后，顾客还可以由酒师陪同，到里面的储酒室挑选一款适合餐点的酒，这是"Chai 33"提供服务的独特之处。该店宽阔的空间中，共有180个座位，料理是将异国风味带入法式烹调的独创料理。店里还设有专门卖酒的区域，可以在那里享受快捷的服务和小餐点，最上层设有酒吧。

储酒室，可以选择与料理搭配的酒。

最上层的酒吧很时髦。

派皮酥脆的咸可丽饼。

La Compagnie des Crêpes

请来享用，可丽饼和阿尔萨斯风味披萨

30-32, cour St-Émilion 75012 Paris
tél: 01 43 40 24 40
open: sun-thu 12:00~23:00,
fri 12:00~23:30, sat 12:00~0:00(LO)
métro○Cour St-Émilion

甜点套餐、咖啡和水果套
餐组合。

　　"La Compagnie des Crêpes" 是个让人可以带着家人前往、坐在露天座位上，大口吃可丽饼的地方。店内放着布列塔尼的古董家具，给人田园风情。除了布列塔尼名产以荞麦粉为底的可丽饼，该店还有另外一个特别的阿尔萨斯名产可丽饼。在薄薄的烧好的披萨上，放上洋葱和白色酱汁，再放上蘑菇和培根等各种各样的材料，特别适合和家庭酿制啤酒一起享用，这种午餐吃法很有人气。吃甜点的话，无论如何都要吃甜的可丽饼！

蜜蜂的标记很显眼。吃饭以外的时间也能喝茶。

巴黎地铁巡游物语

L'Histoire du métro

地铁诞生物语

1900年，巴黎地铁为世博会开幕应运而生。

那时，它是个寄托巴黎人梦想的大工程，

从构想到地铁进入现代化，它有着100多年的历史，现在就让我们来回顾一下吧。

Uze的提案，在建筑物的缝隙间架设天桥。令人想到现在6号线Passy附近的景象。

拥挤的小路消失了，代之的是宽广的道路，刚刚建好的歌剧院里绅士淑女云集，新兴的布尔乔亚妇女们正在全新的百货商店里购物……这是19世纪下半叶拿破仑3世治下的巴黎。随着城内马车数量和从地方到巴黎运送物资和人的火车数量增加，健全巴黎市内公共交通也变得迫在眉睫。伦敦和纽约分别在1863年和1867年开通了地铁，现在终于轮到巴黎开始建立新的城市交通、设计新的市政工程了。首先是从专家那里征询方案，Uze提出的计划是在建筑物的缝隙间架设天桥，供高架列车行驶。加尼叶（Charles Garnier）也提出了类似的架设高架的方案，不同之处只是高架分上下两层，分别行驶来回的列车。另外，甚至还有沿着街灯设立刚朵拉航线这样荒诞不经的提案。从存留至今的画稿上，可以看到当时的人们对地铁寄予了多少梦想。

在众多方案中，法国政府方面希望能通过建立地铁网络将地方和首都连接起来，而巴黎人更希望在自己城市里建立与生活密切相关的地铁线路，两方在意见上的分歧越来越多。这样的对立长达半世纪之久，打破胶着状态的是巴黎1900年的世界博览会。1889年，巴黎已经因为没有地铁失去了举办世博会的机会，现在，终于是政府为了举办世博会完善公共交通、向市民让步的时候了。1895年，巴黎市民终于有机会实现"让地铁在市民生活中扎根"的心愿。

地铁的基本路线是沿着巴黎旧城墙的环线（现在的2号线和6号线），连接文生尼绿地和马约门（Porte Maillot）的1号线、纵贯南北的现在的4号线等。当时担任工程总指挥的是福尔让斯·比安弗尼（Fulgence Bienvenüe），被称作"巴黎地铁之父"，现在蒙巴纳斯站还存留着他的名字。经历了许多规划以后，地铁最终被铺在地下，位于已有道路的正下方。从Rivoli路开始，主要的道路都次第被挖掘，工程进展速度很快。实际上，除了巴黎最新的地铁14号线很深，其余的线路都是沿着巴黎的主要线路浅浅地埋在地下。走在路上，靠近道路的通气口侧耳倾听，有时就能听到地铁行驶的声音。

遗憾的是，巴黎地铁的开通并未赶上1900年4月14日的世博会开幕。从1898年工程开始，经历两年时间，终于在7月19日开通了1号线。到这年的12月，共有400万人乘坐了地铁1号线。

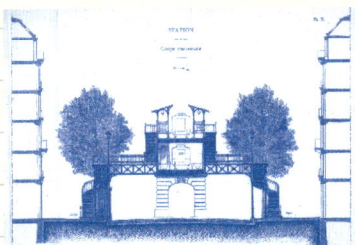

建立两层高架以节约空间，是加尼叶的方案。这是地铁站的图案。

1898年，Rivoli路的1号线工地。可见地铁是多么浅地埋在地下。

1903年，6号线通过的Passy桥（现在的Bir-Hakeim桥）变成了两层，这是当时的工程状况。

1903年，歌剧院前的广场3、7、8号线工程期间，意大利国王造访的仪仗队。

1900年地铁第1号木制车厢。这是20世纪90年代修复后的样子。当时还有放行李用的网架。

1937年，现在的13号线延长线开通的正午，在入口处等待的巴黎人们。

1957年的检票小姐，穿着制服站在月票出入口。

从Porte de Vincennes到Porte Maillot，巴黎从东到西只需30分钟，开通之初地铁的速率就很高，每3-4分钟就有一班车到来。虽然，当时对于到地下乘坐高速行驶的交通工具存有抗拒心理的巴黎人不在少数，但由于实在是很方便，地铁很快就大受欢迎。

地铁的目标是，"无论在巴黎的哪个点上，地铁车站都在400米以内"。继1号线以后，同年年末又开通了2号线，1904开通3号线。到1914年为止，巴黎的地铁总长达90公里，是现在长度的一半。第一次世界大战以后，9、10、11号线开始建设，Nord-Sud公司加盟工程，加上现在的12、13号线，到1930年代的地铁已经和现在线路差不多了。那时候，地铁已经成为人们生活的一部分。1937年，现在的13号线延长段开通那天，巴黎人守望在那里等待着开门时刻的到来，当日拍下的照片成为巴黎人们对地铁爱的写照。之后，巴黎地区开始向郊外发展，连接了巴黎的市中心与郊区，令线路进一步延长。

在这100多年的历史中，地铁的景象也发生了各种各样的变化。1900年地铁刚开通的时候，车辆内外都是木制的，这样的地铁很美，可是1903年发生了火灾致使84人死亡，改善的呼声也越来越高。因此，出现了金属制车厢"Sprague"。在1903年登场，于1983年消失身影的这种车辆，对上了年纪的巴黎人来说，是值得怀念的"旧时巴黎地铁"的代名词，是存留在历史上的地铁的样子。它代表性的样子，是木制的长椅配上绿色车体的二等车和人工皮革的长椅配上红色车体的一等车。如今在一年一度的

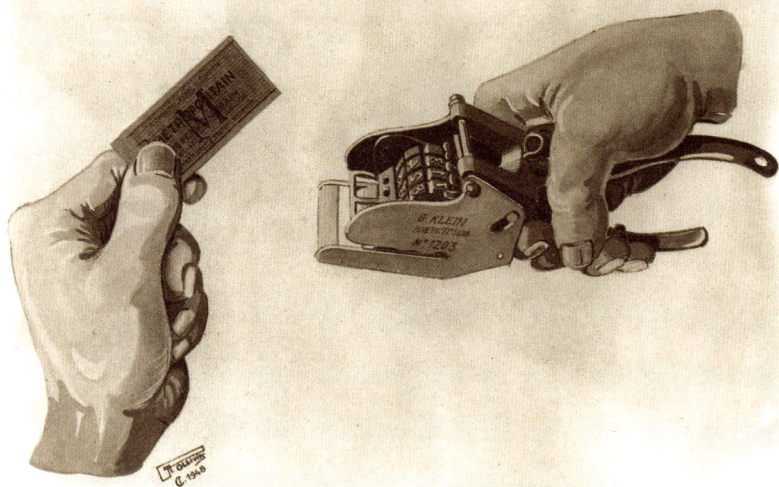

1948年时使用的车票和在车内检票使用的工具。

文化遗产日上，可以看到这样的车跑在轨道上，对于车迷来说是件令人惊喜的事。在这之后，20世纪60到70年代，巴黎地铁进入现代化，新型的白色和蓝色车引入，"Sprague-Thomson"也被迫慢慢引退。进入90年代，一等车二等车的区别消失，车票价格统一。

时代不断前行，地铁也在变迁发展。必须随"Sprague-Thomson"一起前行的车长，随着"Sprague-Thomson"的消失，也成为一个消失的职业。站长室也从站台上消失了，1958年，塞吉·甘斯堡（Serge Gainsbourg）世界闻名的歌曲《丁香站的检票员》（Le Poinçonneur des Lilas）里提到的检票口，也随着自动检票口的出现而消失了。1974年，有磁条的车票也出现了。

地铁伴随着时代改变面貌，唯一不变的是它的便利和受欢迎程度，延续着巴黎人爱的地铁，如今已经成为了巴黎的标记之一。

1948年左右，地铁公司内教育用的幽默插画，描述了检票小姐的工作内容。禁止危险和有异味物品带进车站，也是她们的工作。

Métro, côté décorations

彩绘巴黎的地铁建筑设计

新艺术主义风格的入口，设计奇特的站台，
适应时代变化的车辆，
新兴与复古的结合，可以说就是地铁设计的魅力所在吧。

Place Monge 站的站台，70年代的Andrew风格，基本的白砖上，用照明及座椅的鲜艳橘色点缀之。

说起地铁，很多人首先想到的是它的入口设计。其实，在入口设计之初，是通过公开征集决定的。但是由于征集来的作品中没有好的提案，所以就委托了当时活跃的建筑师Hector Guimard。这个时候的设计到现在还保留了一些，即新艺术主义。但是，由于当时的设计实在过于另类，所以只用了4年就

结束了。在1913年完全变成了另外的简单样式。这样一来，几种不同风格的入口便在一起混用。此外，地铁的站台一开始是白色长方形的瓷砖，搭配珐琅制的地铁站牌子，开通当时基本是这个样子的。这种样式到现在也成为多数地铁站的标准样式。后来，在20世纪50-70年代，为了拂去之前单薄暗沉的印象，变成了鲜艳色彩的长椅，照明也有所改换。现在则是有些地方根据地区不同有着分别不同历史感的站台，让游客感到非常愉快。另外，最受近代化影响的是车辆本身，一开始全部是木制的，后来考虑到安全性变成了金属制，现在成了简单的白色和蓝色的设计样式。

经历100多年的历史，彩绘着巴黎的地铁设计，是新与旧融合后形成的独特样式，是漫长历史给予我们的礼物。

站台… ❶ 20世纪50-60年代的Karose风格，特征是金属带。❷ 1975年左右，在基本的样式上加入彩色霓虹灯的Uidiel风格。❸ Arts et Métiers站，是对工艺博物馆的礼赞。❹ 装饰有欧洲各国家族照片的Europe站。❺ 以"地铁是科学之源"为主题的Champs-Élysées-Clemenceau站。

入口… ❻ 存留在Porte Dauphine站Hector Guimard的设计，现在还能吸引路人的目光。❼ 同样是Hector Guimard的设计之一，这种Métropolitain的标记存留下来的较多。❽ 在Hector Guimard之后，是Val d'Osne（铸造艺术）风格。在球形灯下，红色的地铁标志。

车辆… ❾ 开通后的第一代车辆，内外都是木制。❿ 传说中深受地铁车迷喜爱的"Sprague"，车体用颜色来区分一等车和二等车。运营于1904年至1983年。⓫ 20世纪50-70年代的白蓝色车辆登场。⓬ 1970年左右的设计。略带圆形的车体很受人喜爱。⓭ 1号线上行驶的最新车辆。

Métro, côté graphisme

惹人爱的地铁平面设计

路线图、Logo、海报，还有那些各种各样的查票，
与地铁相关的这些平面设计，不只是实用那么简单，仔细看看还挺值得玩味的，
也许这也是巴黎人们爱地铁的理由之一吧。

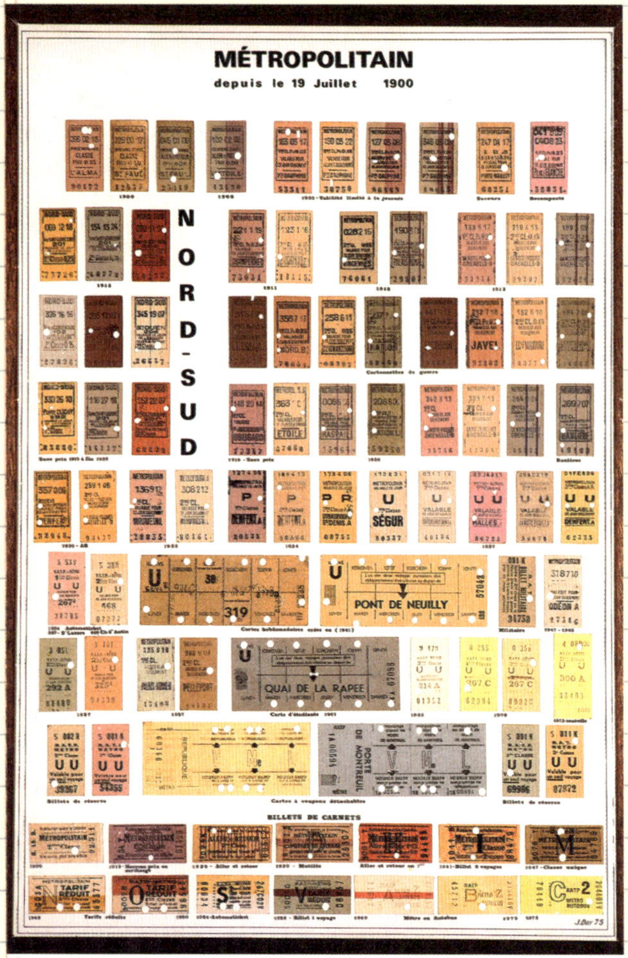

MÉTROPOLITAIN
depuis le 19 Juillet 1900
NORD-SUD
PONT DE NEUILLY
QUAI DE LA RAPEE
BILLETS DE CARNETS

1900–1973年间的车票。其中也有大型的周票。朴素的风格和活版简洁的设计，是它的魅力。并置在一起就可以看到车票在时光流逝中的变化。1974年设置了自动闸机验票口，有磁条的车票也就登场了。

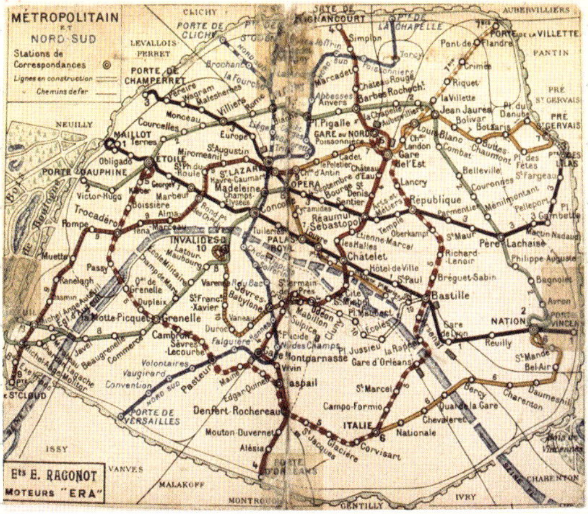

1925~1930年的路线图，左上方写着 "Métropolitain"，
还可以看见1930年加入地铁的公司 "Nord-Sud" 的名
字也写在上面。

1968年，宣告10张为一组的次数券
"carnet" 登场的海报，大人的票价为
每10张6法郎。

用箭头表示买票地点的指示牌，"BILLETS" 是车票的
意思，现在这样的牌子几乎没有了。

1900

1992

1960

1976

Logo的变化。1900年的巴黎 Métropolitain 贴到公
司的标志，是CMP的3个字母组合而成的设计。
1949年改名为RATP（巴黎交通公司）。

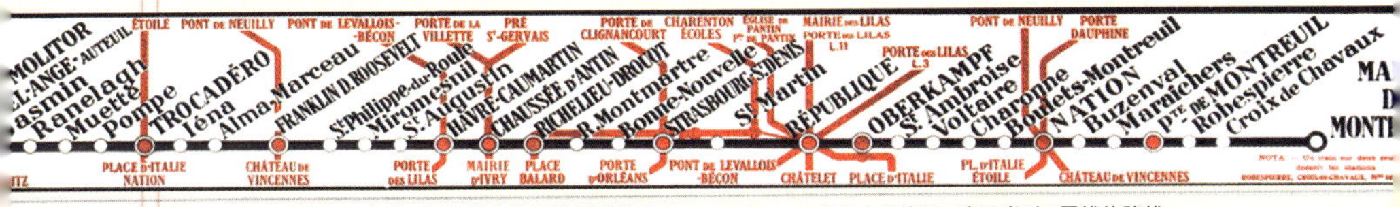

直到20世纪70年代，都是代表地下铁面貌的 "Sprague-Thomson" 车内路线图。这是当时9号线的路线。

Métro insolite

闲话地铁

"Métro Boulot Dodo" 的意思是乘地铁、去工作、睡觉。

这是可以随时随口说出的句子，也代表着地铁成为巴黎人日常的一部分。

关于地铁，不只是去工作、去睡觉，还有很多小情结。

Cinéma et métro

地铁和电影

在近100年的历史中，地铁经常会出现在电影里，20世纪60年代，《筋疲力尽》（*À bout de souffle*）让-保罗·贝尔蒙多（Jean-Paul Belmondo）在香榭丽舍下车站立的地方就是1号线的George V站。1985年，吕克·贝松导演、描述地铁中的社会景况的电影《地下铁》（*Subway*），当时拍摄选在避开高峰的时间和夜间进行，花费了19个小时。另外，11号线的Porte de Lillas有专供拍摄电影用的站台。20世纪70年代的《情定日落桥》(*A Little Romance*)和令人记忆犹新的《天使艾米丽》，大多数车站内的场景都是在这里拍摄的。

《情定日落桥》里的镜头，拍摄于Porte de Lillas站。

Stations fantômes
潜伏于地下的幽灵站

由于和邻站过于靠近，乘客不需要变更路线，虽然是作为地铁站存在着，但一般人都不会注意到它的存在，这样的站台被人称作"幽灵站"，在巴黎有10几个，其中10号线的Mabillon站旁边的Croix Rouge站，曾因为拍摄广告而设置的灯光闻名。Saint Martin站则曾是救世军指挥、现在是流浪者的收容地。1号线的Porte Maillot在过去是终点站，现用做欢迎会及摄影。还有些车站内贴着过去的广告。现在乘着传说中的"Sprague"去探寻地铁里秘密的面容，也成为颇有人气的旅行线路之一。

该旅行线路问询处：ADEMAS
（www.ademas.assoc.free.fr）

二战后曾一度关闭的Saint Martim站。

Haxo 站从来没有过乘客在这里下车，也从来没有人从这里到地上，是名副其实的幽灵站。

13号线Liège站的站台，用马赛克拼出的站名，显得很可爱。

13号线的Guy Môquet站，注意隧道上方的标识。

Décor Nord-Sud
Nord-Sud 设计

1930年加入地铁建设运营的Nord-Sud公司，开通了现在的12、13号线。因为是与以前不同的地铁公司运营的路线，所以站台、站内指示标志牌等设计自然也要与之前不同。隧道上方有"Montmartre方向"、"Montparnasse方向"、"Saint Lazare方向"等标记，是其他路线没有的。站台上的站名也是，不是用金属板做成，而是用马赛克拼出。若对这些复古的设计感兴趣，不妨乘上地铁去探寻一番吧。

Métro de Paris 地铁商品目录

Antique map（日本限定版）
古董风格的路线图系列产品，
只在日本贩售的限定版，
用法国国旗的三种颜色作为设计基调。

贺卡封面以艾菲尔铁塔形状作镂空

A5 线图笔记本、备忘簿和原子笔

A4 报告用便条纸和便条纸夹

Ligne 1-14

以1到14号线各路线为设计主题，是个色彩鲜艳的系列。

印有全路线图的笔记本，
有A5、B7两种尺寸

色彩鲜艳的便条线，还有透明的信封及信纸

14种颜色的笔记本，有 A5、B7两种尺寸

Pictograms

Sortie (出口)、Correspondance (换乘)
等，将各种车站内标示组合在一起的设计。

附有滑动拉链的套夹，可在旅行中使用，有旅行
夹和汽车夹。

笔记本，有A5、A6、A7三种开本，
同系列还有原子笔设计。

可收藏旅行回忆的相簿

Métro map

地铁的路线图及票券，直接当作设计元
素，简单又不会令人觉得单调。

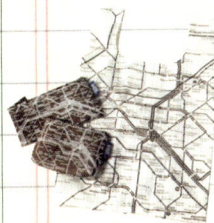

钥匙圈上的迷你尺寸票券

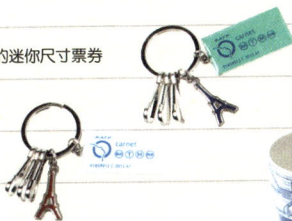

旅行时很方便使用的布制包，随身折叠
小包包以及铅笔包。

可以堆叠起来的地圆杯，方便收
纳的设计让人感到很舒服。

Métro de Paris

RATP （巴黎交通公司）与日本杂货制造商
MARKS合作的系列，MARKS是从2007年开始，
在日本唯一持有官方执照，可以企划制作地铁
商品的公司。

Châtelet站内的地铁官方
商品贩售中！

note

《巴黎手作创意人》

Editions de Paris 编著   叶子 译

定价：35.00 元

2008 年 1 月出版

巴黎手作创意人过着什么样的生活？

巴黎手作创意人的创作空间又是怎样的？

每位创意人专为本书提供了原创作品的制作方法及步骤，

更将私房小店与你亲密分享。

《巴黎 · 家的私设计》

Editions de Paris 编著   尹宁 译

定价：35.00 元

2008 年 7 月出版

巴黎创意人的家是什么样的呢？

他们钟爱手工原创，珍惜旧物，

他们的家自然就散发出私设计氛围。

每一个家，似乎都在讲述一个故事。

《巴黎 · 私囊志》

Editions de Paris 编著   吕凌燕 泽

定价：35.00 元

2009 年 1 月出版

巴黎女生背什么样的包包？

包包里面又有什么呢？

本书为你聚焦难得一见的包包世界，

并示范原创包包的制作过程！

Couleurs à Paris
巴黎·色彩魔法空间 Editions de Paris 编著 燕子 译

《巴黎·色彩魔法空间》
Editions de Paris 编著 燕子 译
定价：35.00 元
2009 年 8 月出版

巴黎人的居家空间
就象被施了色彩魔法一般。
他们用色彩大胆表达着自己的生活态度，
也赋予自己的创意以新的活力。

巴黎独立生活空间

《巴黎·独立生活空间》
Editions de Paris 编著 定价：35.00 元
2010 年 4 月出版

巴黎人的居家空间
创意人更是喜欢把热情倾注到自己的家里。
本书带你走进 15 位巴黎创意人的家中，
一起感受他们的独立生活空间。

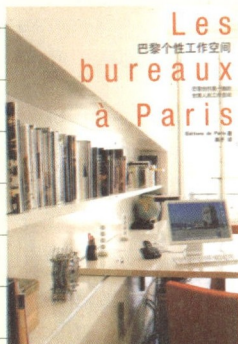

Les
bureaux
à Paris
巴黎个性工作空间

《巴黎·个性工作空间》
Editions de Paris 编著
定价：35.00 元
2010 年 5 月出版

谁说 Office 只能拥有一张面孔？
巴黎人连工作空间都要个性斐然。
一起来参观一下巴黎创意人的工作空间吧！
相信你也能从中吸取到好多灵感！

图书在版编目 (CIP) 数据

巴黎地铁杂货旅行 / 日本 Editions de Paris 出版社编著;
尹宁译 . — 济南：山东人民出版社，2009. 11(2011. 3 重印)

ISBN 978-7-209-05052-4

Ⅰ . 巴⋯ Ⅱ.①日⋯ ②尹⋯ Ⅲ.①商店—简介—法国
Ⅳ .F735.651

中国版本图书馆 CIP 数据核字（2009）第 190053 号

un petit voyage dans Paris en métro
Toute l'équipe du livre

Photos:Olivier Bardina,Kanae Miyazu(P122-123)
Coordination et texts:Masae Takata
Design:Bunkyo Zuan-Shitsu
Rédaction:Aya Nagaoka
Coopération:RATP
Chef de projet:Yoshie Sakura
Editeurs:Kazuhiko Takaghi

Photos(P5-6)/©RATP(Denis Sutton,Jean-Francois Mauboussin)
Photos(P112-121)/©RATP(René Minoli;René Roy;Marguerite Bruno,
Jean-Francois Mauboussin;Gérard Dumax;Denis Sutton,
Jacques Barinet,Joël Thibaut,Charles Ardaillon)

Japanese Title:Métro de meguru Pari annai by Editions de Paris
Copyright ©2008 by Editions de Paris Inc.
Original Japanese Edition
Published by Editions de Paris Inc., Japan
Chinese Translation rights©2012 by Shandong People's Publishing House
Chinese translation rights arranged with Editions de Paris Inc., Japan

* 以上刊载的讯息是依据 2007 年 12 月当时觅集到的情报作整理。
位于巴黎的店家除了大型商店之外，八月及圣诞节假期前后均有公休，请在日前进行确认。

山东省版权局著作权合同登记号 图字：15-2010-138

责任编辑　吴宏凯　王海涛
装帧设计　鸟沢智沙　小麦
项目完成　吴宏凯室

巴黎地铁杂货旅行

Editions de Paris　尹宁

山东出版集团
山东人民出版社出版发行
社　　址　济南市胜利大街 39 号　邮政编码：250001
网　　址　http://www.sd-book.com.cn
发 行 部　(0531)82098027 82098028
新华书店经销
三河市华东印刷有限公司
规　　格　32 开（148mm×210mm）
印　　张　4
字　　数　40 千字
版　　次　2009 年 11 月第 1 版
印　　次　2018 年 2 月第 2 次
书　　号　ISBN 978-7-209-05052-4
定　　价　35.00 元